西藏通俗理论读物·2015

民之所需　政之根本

中共西藏自治区委员会宣传部
西藏自治区中国特色社会主义理论体系研究中心　编著

西藏人民出版社

图书在版编目（CIP）数据

民之所需　政之根本：西藏通俗理论读物 •2015/ 中共西藏自治区委员会宣传部、西藏自治区中国特色社会主义理论体系研究中心编著 .
—拉萨：西藏人民出版社，2015.10
ISBN 978-7-223-04914-6

Ⅰ . ①民… Ⅱ . ①中… Ⅲ . ①社会主义建设成就－西藏
Ⅳ . ① D619.75

中国版本图书馆 CIP 数据核字（2015）第 230329 号

民之所需　政之根本
——西藏通俗理论读物 •2015

编　　著	中共西藏自治区委员会宣传部 西藏自治区中国特色社会主义理论体系研究中心
责任编辑	白玛仓决　齐江蕾
策　　划	天利文化
装帧设计	郝 旭
出　　版	西藏人民出版社（拉萨市林廓北路 23 号）　邮政编码：850000
印　　刷	西藏天利经济文化发展有限公司
经　　销	全国新华书店
开　　本	16 开（710×1000）　　字　　数　125 千
印　　张	12
版　　次	2015 年 10 月第 1 版第 1 次印刷
标准书号	ISBN 978-7-223-04914-6
定　　价	40.00 元

出版说明

民生连着民心、民心凝聚民力，做好保障和改善民生工作，事关群众福祉和社会和谐稳定。西藏自治区第八次党代会以来，我区七地市紧紧抓住人民最关心、最直接、最现实的利益问题，每年围绕办好民生领域十个方面的实事，突出重点、强化措施、真抓实干，不断回应人民期待、增进民生福祉，全区各族人民得到了看得见、摸得着的实惠。为引导各族干部群众深切感知党和政府亲民为民情怀，凝心聚力、夯实基础，在七地市委宣传部的大力支持下，西藏自治区党委宣传部、自治区中国特色社会主义理论体系研究中心组织编写了《民之所需　政之根本——西藏通俗理论读物·2015》。本书观点准确、说理透彻，文风清新、事例鲜活，图文并茂、通俗易懂，是各族干部群众、青年学生进行理论学习和开展形势政策教育的重要辅导读物。

中共西藏自治区委员会宣传部

西藏自治区中国特色社会主义理论体系研究中心

2015 年 10 月

目录

拉萨

日喀则

民生工程铺就幸福路 / 27

山南

林芝

小财政办出大民生 / 81

昌都

那曲

情满羌塘 惠进牧家 / 131

阿里

直面民生关切　践行民生承诺 / 155

拉萨
追寻“幸福密码”的轨迹

每天清晨，家住纳金乡的德吉老人总会早早起来从冰箱里把新鲜的酥油拿出来放入酥油搅拌机内，伴随着“咚咚”的电机转动声，不一会儿，奶香四溢的酥油茶就做好了。德吉老人一边把打好的酥油茶倒入保温瓶里，一边为孙女准备热牛奶和煮鸡蛋。双休日，德吉老人会带着孙女来到河坝林公园健身。

市民在河坝林公园内健身

“有这样充实、安逸的晚年生活，谁都想更长寿！”德吉老人的长寿梦其实就在这舒适的生活中一点点实现，“以前总怕生病，又费钱又费心，现在我们有了医疗保险和养老保险，再也不用为看病发愁了。”

在蔡公堂乡政府工作的洛桑旺久，时常都会带着4岁的女儿卓玛，到教育城欣赏那一幢幢充满藏式风情的美丽校园、医院、宿舍。“太漂亮了，我喜欢这里，长大后也要在这读书。”小卓玛兴奋地说。

拉萨教育城新貌

少者欢之、中者业之、老者安之……拉萨人在追寻“幸福密码”的轨迹上，一幅以人为本、温暖多彩的动人画卷缓缓铺开，“民生”二字跃然于画面之上。

幸福多彩梦——绘出农家新面貌

“现在我家 5 口人，做饭每月只需花 25 元天然气费”，家住拉萨市城关区塔玛村塔玛组 1 栋的德吉高兴地说。在通天然气的两年里，德吉家中的燃气灶和壁挂炉一次故障也没出过。

“以前家里做饭用的是牛粪、木柴和液化气，平均每个月要用 130 元，烧牛粪和木柴的时候会被浓烟呛到，墙也会被浓烟熏黑。现在通了天然气，家里也洁净了很多。”

拉萨市民用上了干净天然气做饭

和德吉一样感受到便利、实惠的还有塔玛组的巴桑仓决。“今年冬天我们用上了暖气，今后拉萨的冬天不再寒冷，孩子可以在温暖的环境中好好学习了，这真是名副其实的暖心工程！”

受经济基础差、能源缺乏等因素制约，拉萨多年来一直未能实现城市集中供暖。2012年4月开工的拉萨市天然气供暖试点工程项目，是“十二五”期间的重点建设项目，总投资超过100亿元，是事关广大居民温暖过冬的重要民生工程。截至2014年，拉萨城区供暖供气入户率达到98%。

2012年4月28日，拉萨市供暖试点工程开工典礼

拉萨市尼木县麻江乡强尼村是离县城最偏远的一个村，也是拉萨市村村通电话工程的最后一站。 在电话没有开通到强尼村之前，村民要骑马走 7 个小时到乡里才能打上电话。“现在，强尼村已全部覆盖了无线固话和好易通网络，我们足不出户就可以与外界沟通。”强尼村村委支书尼玛顿珠高兴地说。

2006 年 7 月 27 日，随着拉萨市尼木县麻江乡强尼村开通电话，拉萨市先于全区第一个实现了村村通电话的目标。2012 年底，拉萨率先在全区实现群众安全饮水全覆盖，让老百姓用上了安全放心水。2012 年，拉萨市在全区率先实现广播电视户户通、广播电视进寺庙全覆盖，收听收看广播电视成为农牧民群众休闲娱乐、获取信息的重要途径。2013 年，拉萨市投资 8317.77 万元，完成 40 个行政村村容村貌综合整治任务，营造了舒心的居住环境。2014 年，拉萨村村通路目标基本实现，为提高农牧业生产效率提供了畅通的交通条件，也把一条条致富路延伸到了村民的家门口。2014 年，拉萨市实现行政村通邮率达到 100%，让广大农牧民群众享受到了一站式便捷化的综合邮政服务，有效促进了城乡物流、信息、资金的流通。

……

每一年都有变化，每一样都办进了群众的心窝，“八到农家”在便利、快捷中给拉萨市农牧民群众编织了一个幸福、多彩的梦，描绘了现代化的社会主义新农村新面貌。

麻江乡强尼村牧民同外乡亲友通话

致富创业梦——闯出个灿烂人生

“自己创业当老板，这种想法在以前只是个梦。”而现如今，墨竹工卡县塔杰村27岁的次珍却好梦成真了。

职业技术学校的学生在上实验课

2013年，在免费进行创业培训之前，次珍就是一名没有任何技术的农牧民，靠四处奔波打工糊口，工资不高也没有足够时间照顾父母。经过拉萨市“四业工程”办公室举办的培训后，德吉学到了面点技术，她把自己的面食店开在墨竹工卡县门巴乡。

农牧民通过市“四业工程”学习针织技术

农牧民通过市“四业工程”学习土豆粉加工

如今，在拉萨的各行各业，像次珍这样通过致富培训过上好日子的农牧民还有很多，他们正充分享受着党的优惠政策，为自己的幸福生活奔波着、忙碌着。

近年来，拉萨市共建立 17 家高校毕业生见习基地，累计推荐 746 名高校毕业生参加就业见习，发放见习生活补助 600 多万元，推荐安置 200 多名高校毕业生通过公益性岗位就业。

2014 年拉萨市大学生创业培训班开班

为鼓励大学生创业，拉萨市进一步完善扶持创业的优惠政策，越来越多的大学生加入自主创业的队伍，他们像雄鹰一样搏击长空，描绘着灿烂的人生。

拉萨市城关区的琼卓玛一直失业待家，她没有技能、没有知识，家里还有病人，孩子还要上学，全靠她打零工维持全家的开支。在创业政策和资金的扶持下，琼卓玛在城关区纳金路嘎巴村开办了自己的馒头店。店虽小，但生意红红火火，还招收了两名员工，日平均营业额达到六七百元，自己的生活得到了全面的改善。

高校毕业生专场招聘会

相关链接： 2010年，拉萨市新增就业人员5100人，开发就业岗位3529个，城镇登记失业率控制在4%以内。安置零就业家庭137户137人就业，继续保持零就业家庭动态消零。

2011年，拉萨市新增就业再就业（包括就业困难群体及3545人员）5789人，完成全年目标任务的105%；开发就业再就业岗位5872个（包括600个公益性岗位），完成全年目标任务的115%；城镇登记失业率为2.8%；全市共组织劳务输出7.63万人，实现劳务收入4.55亿元；全市参加社会保险总人数达到27.58万人。

到2014年，拉萨新增城镇就业15550人，超额完成全年目标任务的105.6%；城镇登记失业率为2.2%，保持零就业家庭动态消零；拉萨籍应届高校毕业生就业率达到98.2%，有就业愿望困难家庭高校毕业生就业率达到100%，社会保险参保人数达到44.17万人。

柴米油盐——厨房小事连起民生大事

谈到前一段时间物价上涨，家住拉萨市北京中路的次仁卓玛说：“物价涨的有点厉害，感觉什么都在涨，吃、穿、住都在涨，每天随便买点菜，就得几十块，蔬菜、水果、肉、油都在涨。”她的话真实反映了普通百姓对物价上涨的感受。

拉萨市民在某大型超市选购蔬菜和水果

俗话说，“开门七件事，柴米油盐酱醋茶”。每天要面对的事，自然就是百姓最关心的事。人们常常感慨“不当家不知柴米贵”、“花钱容易挣钱难”、“钱不够花”。的确，物价一头连着百姓生活，一头连着国家经济发展，物价高低直接影响着百姓的生活质量。

近年来，在食品价格上涨较快、通胀预期较强等因素的共同推动下，拉萨市居民消费价格 CPI 不断走高，成为社会关注的热点和焦点。

为抑制部分商品价格过快上涨，拉萨市政府在 2013 年投放牦牛肉基础上，2014 年 10 月从青海等地调运牦牛肉、酥油等居民生活必需品，在惠民蔬菜直销车、八廓商场设立专门门面以低于市场价的 10% ～ 20% 进行销售。截至 2015 年 2 月 18 日，共销售牦牛肉 55939.66 斤、酥油 95264.07 斤。

拉萨市政府多措并举让物价“软”着陆，切实保障好、改善好了民生。

拉萨市河坝林清真寺菜市场是一座巷道临时市场，每晚 6 时至 9 时，前来这里买菜的市民非常多，家住嘎玛贡桑的拉姆就经常骑车过来买菜，她说：“这里的菜价比综合市场的每斤要便宜好几毛，我感觉物价虽然涨了，但还是可以买到便宜的菜。”

物价稳，民心才能安，“米袋子”充足了，“菜篮子”丰富了，群众生活必将更加美好幸福。

八廓商城前的惠民蔬菜直销车

相关链接： 城关区蔬菜直销车自 2014 年 1 月 21 日正式运营以来，57 辆车分布在老城区和各居民小区共 51 个点，实行定点蔬菜直销和流动巡销。每辆直销车每天供应蔬菜约 20 ～ 30 个品种，同时配售酥油、鸡蛋、水果等，蔬菜销售基本保持低于市场价格 10% ～ 30% 左右，每天每辆蔬菜车销售量为 1500 余斤。

截至 2014 年底，销售蔬菜、酥油、肉等共计 2800 吨，销售总额达 2035 万元，除去成本 1735 万元，向群众让利 354 万元，解决就业 160 余人。

书香飘逸——圆“上好学”之梦

“说实话，这些年我们的高考总分都不算高。这些分数拿到内地去，真的缺乏竞争力。” 曾在湖南湘潭读书的洛桑顿珠坦言，“希望学弟学妹们能依托教育城的优质资源，摆脱这种‘尴尬’。”

对于洛桑顿珠的“尴尬”，也许那一片教育城就是破解利器。

当车子行驶在纳金大桥时，拉萨教育城的全貌已经呈现在眼前。仅用了两年时间，占地面积 4690 亩，配套设施齐全、充满文化特色和民族特色、园林式的现代教育城拔地而起，一期进驻项目共 19 个，总投资 58.8 亿元。

2012 年初，拉萨市委、市政府首次出台以加快教育改革和发展为主题的市委 1 号文件，召开高规格的全市教育工作会议，确定了“以改革创新为动力，以提高质量为根本”的工作思路，吹响了加快拉萨教育改革和发展步伐的嘹亮号角。

拉萨教育城鸟瞰图（规划图）

过去拉萨市中小学布点分散，“麻雀”学校多，办学效益不高。为了解决小学布局点多线长、规模较小、资源分散、质量低下的问题，拉萨市顺应人民群众对子女接受高质量教育的强烈期盼，加快推进集中办学步伐。2012年以来，撤并全市所有教学点59个，合并小学15所，基本形成了“高等教育、中等职业技术教育、普通高中教育、特殊教育集中在市区，一县一所初中，一乡一所完小、一村一所幼儿园”的覆盖全市、纵横交错、科学合理的学校布局。

如今走进拉萨市尤其是各乡镇的学校，许多校长、教师、家长都会由衷地说：学校的校容校貌大大改善，增添了许多设备设施，提高了教育质量，做到了让学生“上好学”、“好上学”，也为人民群众提供了更为优质的教育服务，真正是解决了人民群众日益增长的教育需求！

相关链接：拉萨市多渠道筹措资金，加大教育投入力度，全力改善办学条件。2012年以来，全面加快学前教育发展步伐，已建或正在新建城乡幼儿园127所；实施标准化学校建设工程，新建中等职业技术学校2所、教师继续教育学校1所、完全中学2所、小学4所，改扩建70余所中小学，硬件建设总投资29.7亿元。同时，多方争取项目和资金，配备学校教育教学设施设备，着力完善学校育人功能。

拉萨继续教育学校主楼

拉萨市第一中等职业技术学校占地 120 亩，建筑面积 3 万平方米，现有教职工 130 人，在校生达 1380 人。学校围绕“净土健康产业”发展，以培养懂技术、会经营的新型农牧民为己任，开设农、林、牧等 11 个专业。

拉萨市第一中等职业技术学校

职业技术学校学生正在上课

拉萨市第二中等职业技术学校占地 372 亩，总投资 5 亿元，建筑面积 12.4 万平方米，现有教职工 272 人，办学规模 6000 人。学校围绕拉萨市“旅游、文化、商贸”等产业发展，坚持以“为拉萨的经济建设培养大批技术型中等专业人才”为己任，探索“产教一体、校企合作、订单培养、工学结合”的办学模式，开设旅游服务与管理、民族音乐与舞蹈、制药技术、城市燃气输配与应用等 24 个专业。

就医“快车道”——没有后顾之忧的幸福

继“最幸福城市”后，拉萨市民纷纷表示完善的社会医疗卫生保障也是让大家倍感幸福的一项重要指标。

通过手机报，市民尼玛了解到拉萨的医疗卫生在全国主要城市中名列第一的消息，他兴奋地说：“作为一个拉萨人，我感到非常骄傲。平时由于工作的原因需要经常到内地出差，因为海拔忽高忽低身体时常感到不适。但每次回来我都会到家附近的社区卫生中心去检查，不但方便，而且价格也很合理。”

近年来，拉萨市卫生医疗工作紧紧围绕“民生安市”战略部署，加快推进医药卫生体制改革，完善医疗保障体系，覆盖城乡的医疗卫生服务体系基本形成。

2014 年，丹增因心脏病住进了林周县人民医院，正当家人为筹措住院费而着急的时候，医院告知丹增的妻子格桑卓玛：“不用着急，先诊疗、后结算，一切等出院再说。”医生的一席话让这个并不富裕的家庭顿时轻松了许多。

“先诊疗、后结算”，让群众走上了看病就医的“快车道”。

拉萨市神猴藏医院

相关连接：藏医药事业稳步发展，服务能力和水平明显提升，全市7所县卫生服务中心均设有藏医科，开放藏医床位42张，年门诊量5600余人次，藏医藏药诊疗技术广泛应用于治疗高原性慢性疾病等并取得良好成效。

家门口医疗设施的完备、完善，也促进这条快车道走得更为顺畅。

去年冬天，74岁的市民强巴身体略感不适，在家人的陪同下，他每天都会到离家50米远的诊所里吸氧。诊所里的医生告诉强巴，冬天风大干燥，空气湿度和含氧量都比较低，很多老年人都会出现头痛胸闷，只要注意保暖、减少户外运动就没什么大碍。在得知自己的身体情况并没有想象中严重时，强巴松了一口气。

“多亏了自家附近有那么多诊所和药店，有个伤风感冒的都能马上买到药，冬天还能去吸氧，非常方便。”强巴说。

新建的村卫生室

2014年，拉萨市为积极深化医疗卫生改革工作，制订了《拉萨市县级公立医院改革实施方案》，全面推进全市县级公立医院改革工作，从群众能够最直接、最快捷受益的项目入手，把县级公立医院改革作为改善民生的重大举措来推进落实。

这些举措落实到普通的老百姓身上，就成了没有后顾之忧的幸福。孩子还处在哺乳期的当雄县羊八井镇牧民妇女卓玛说：“我从怀孕开始做孕检到在医院生产，都没有花过一分钱。现在我们全家还享受农牧民合作医疗，生病了也不怕。可以说，我们的生活真是没有后顾之忧了。”

相关链接： 通过改革，拉萨市七县医院住院人数同比平均增长33.6%，病床使用率平均达106%，同比增长18.38%；就诊人数同比增长2.7%，开展手术同比增长35.9%，转诊率平均下降45%。

织就全民社保网——网出幸福好日子

从“完善社会福利制度，确保孤寡老人集中供养率达到95%以上”，到“推进社会保险扩面提质，实现应保尽保”……拉萨市在社会保障上实现了一个个突破和跨越，也为群众织就了一张幸福好日子的保障网。

尼木乡60多岁老阿爸朗杰次仁激动地说：“有了城乡居民养老保险，我们老人可以每月领到基础养老金，而且逐步在提高，在儿女的面前会感到很骄傲，这样还可以给孙子、孙女存点零花钱，我们心里很高兴。”

几年来，拉萨市已经建立健全了养老、医疗、工伤、失业、生育五大社会保障体系，统筹城乡的社会保障制度实现了全覆盖。

拉萨市民在社保局内办理养老保险事宜

截至2014年底，城镇职工基本养老保险参保人数达到3.32万人，征缴养老保险费2.95亿元，发放养老金1.38亿元。城乡居民养老保险参保人数20.72万人，征缴养老保险费2398万元，发放养老金4787万元。

拉萨市人力资源和社会保障局有关负责人还描绘了未来的图景：到2015年，拉萨市社会保障体系更加完善，覆盖范围进一步扩大，保障水平稳步提高，为全面建成小康拉萨提供水平适度、持续稳定的社会保障网。

相关链接： 2014年7月31日，新型农村养老保险和城镇居民养老保险两项制度正式合并实施。拉萨市城乡居民养老保险应参保人数207647人，实际参保人数共206122人，其中全市60周岁以上领取养老金的共35565人，按时足额领取到了每月120元（包括中央、自治区、市级补贴）的基础养老金，目前全市城乡居民养老保险参保率达到99.27%。

文化饕餮盛宴——开启日光城幸福之光

傍晚，在布达拉宫、罗布林卡、宗角禄康公园，拉萨市民开始了一天中最快乐的生活，伴随着优美动听的音乐，人们跳起了富有民族特色的幸福拉萨规范舞。

布达拉宫广场“幸福拉萨规范舞”学跳点

“与传统的锅庄相比，幸福拉萨规范舞的节奏感更强，动作更简练，很容易学会。”次仁加措是一位有着30年舞龄的舞蹈爱好者。

在布达拉宫广场跳舞的美国游客叶丽娜高兴地说：“来之前就听说藏族人是能歌善舞的民族，今天和他们一起手拉手跳舞，真是太开心了。”

相关链接： 近年来，拉萨市以满足人民群众日益增长的精神文化需求为根本出发点和落脚点，努力建设以公共文化设施为重点覆盖城乡的公共文化服务体系，基本形成了以市群众文化体育中心、市群艺馆、市歌舞团为主力，县（区）综合文化活动中心、乡镇综合文化站为支撑，村居社区书屋为基础的四级公共文化服务体系新格局。

用舞蹈来表达幸福、传递幸福也正是拉萨文化惠民活动的初衷。从 2013 年 1 月 19 日开始，拉萨市群众艺术馆、城关区委宣传部组织了 32 个社区共 96 名文艺骨干进行“幸福拉萨规范舞”集中排练。目前，学跳幸福拉萨规范舞已经成为拉萨一道美丽的风景线，受到了广大市民的热烈欢迎。

大型实景剧《文成公主》

相关链接： 大型实景剧《文成公主》于 2013 年开演，仅 2014 年演出 175 场，累计接纳观众 32 万人次，售票金额达到 1.1 亿元。目前，实景剧项目群众演员和专业演员已经达到 700 多人，其中 95% 以上为农牧民群众，相关项目直接带动上千人就业，现已成为拉萨市乃至西藏自治区新的旅游文化名片。

随着“文化兴市”战略的深入实施，拉萨市对文化产业发展和公共文化普惠群众的投入力度不断加大，发挥市群艺馆、县（区）文化馆在向农牧民群众提供免费展览、电子信息查询服务方面的引领表率作用，建立健全网上网下、固定与流动、定期与不定期相结合，全面覆盖城乡的综合文化免费服务形态，向农牧民提供更多内涵丰富、形式多样的公共文化产品和服务，着力满足人民群众多层次、多样化文化需求，确保全市所有公共文化设施全面实现“无障碍、零门槛”。

浇筑幸福安居梦——百姓笑开颜

走进位于城关区纳金乡藏热居委会辖区内的廉租房小区，幢幢藏式楼、栋栋新建筑、棵棵碧绿树……向人们讲述着这里美好幸福的高原生活。

“没想到这辈子能住上花园般的小区。”旺姆老人说起房子连连感慨。十多年来他们一家五口居无定所，去年在街道办的帮助下申请到廉租房。如今住在60多平方米的廉租房中，采光好，通风好，厨房、洗手间、水电等配套设施一应俱全，月租金也很便宜，这让旺姆老人一家喜出望外。

拉萨市廉租房阳光家园小区

相关链接： 廉租房作为政府提供的一种公共资源，是解决城市低收入群体住房困难的主要途径。为加强对廉租房的管理，拉萨市城关区先后出台了《城关区廉租房分配和管理暂行办法》《城关区廉租房入住打分标准》等相关制度。严格“准入”关，并且在廉租房发放上采取抽签分房的方式，探索推行“住户申请—社区初审—乡办核审—交叉打分—拟定对象—名单公示—公开抽签”的申请分配流程。

老城区作为拉萨的窗口，古建大院不仅见证了拉萨历史的变迁，独具特色的风格更是令拉萨增色不少。为此，2013 年，拉萨市以老城区危房大院及厕所维修为突破口，深入推进老城区改造工程。

改造后焕然一新的八廓街

相关链接：拉萨老城区以八廓街历史街区为核心，总面积 1.33 平方公里，常住人口 8 万人，拥有世界文化遗产大昭寺，保存着大量珍贵文物和历史建筑。由于大部分建筑年代久远、宗教和商贸活动频繁、外来人口较多等原因，老城区出现一系列影响居民生命财产安全和文物保护安全的问题。经过细致规划后，拉萨老城区保护工程于 2012 年 12 月正式启动，总投资约 15 亿元。保护工程主要包括给排水改造、电力线路改造、管线综合改造、建设老城区供暖工程等多个项目，并对八廓街等路段临街建筑进行风貌保护。全部工程已于 2013 年 6 月底完工。

“房子比以前更结实了，住得更安心、更方便了！以前我们的房子电线老化，排水渠道不畅，生活起来很不方便。现在通过改造后，房屋整洁明亮，消防设施齐全，我们生活得也很安心。”面对新改造后的住房，拉萨市城关区木如社区居民拉姆欣慰地说到。

家住拉萨市乐业苑小区的居民张光是首批搬进职工周转房的职工，他说以前在单位上只分到40多平方米的房子，各方面条件都很有限，现在住进周转房，空间比较大，条件也比较好，能分到这样的房子，可以说是解决了后顾之忧。

拉萨市职工周转房乐业苑小区

日光城的阳光暖暖地洒在大地，不管是居住在廉租房的旺姆老人还是居住在改造后旧城里的拉姆或是搬进周转房的张光，他们都有着共同的表情——嘴角上扬。那是幸福的表情，是温暖的表情。

自2007年启动保障性住房工作以来，拉萨市大力构建多层次住房保障体系。据统计，2012年—2014年，拉萨市投资12.82亿元，已建成或在建各类保障性住房13654套（户），有效缓解了广大干部职工和城镇低收入家庭住房困难问题。

相关链接： 近年来，通过配建方式完成教育城园丁苑小区792套公租房建设，以代建方式完成金盾苑周转房建设1006套，通过收购的方式从房地产开发商收购存量房，收购“仁和小区”住房100套、海亮小区160套、城关花园295套作为公租房。保障性住房：是指政府为中低收入住房困难家庭所提供的限定标准、限定价格或租金的住房，一般由廉租住房、经济适用住房和政策性租赁住房构成。在我区还包括干部职工周转房。这是党中央、国务院和自治区党委、政府为解决干部职工在藏工作期间居住问题而采取的一项特殊优惠政策。

搭起致富平台——做好增产增收大文章

“贫困群众不脱贫，我们的工作就不会停止。”这不仅是一句承诺，更是拉萨市扶贫办干部心中坚定的信念。

位于拉萨市城关区娘热乡仁钦蔡村八组的43户146位村民，原来在色拉寺做杂工。2000年，色拉寺进行全面整顿，这146位群众全部整合到仁钦蔡村下为第八组村民。“虽然有房住，但我们没有低保、没有土地、没有收入来源，不能从根本上解决我们的生存问题。”村党支部书记索朗塔青的担忧也是这146人的担忧。这成了摆在拉萨市扶贫办工作人员面前的一道难题。为了尽快解决146位村民的后顾之忧，市扶贫办积极利用国家扶贫资金30万元，修建起了363平方米的简易洗车场。现在拉萨市85%以上的出租车都会到那里洗车，年利润可达20万元，每户年均收入就有2400元。

城关区娘热乡仁钦蔡村八组扶贫洗车场

搭建起了致富平台，更要探索增产增收新举措。过去拉萨蔬菜市场上流行着这样一句话：菜农流大汗、菜贩挣大钱、消费者出大钱。因为菜价过高在消费者中引起了不小的抱怨。拉萨市扶贫办看准了这一商机，安排了20多名贫困群众在扶贫直销车就业，直销车一面与菜农直接相连，一面与市民的饭桌挂钩，每天提供多种多样的新鲜平价蔬菜，在平抑市场蔬菜价格的同时，也为贫困群众带去了不菲的收益。

在白定村蔬菜直销车合作组织所在地，崭新的直销车辆进进出出，菜农和工作人员都忙前忙后，一派热火朝天的景象，各个脸上露出了喜悦的笑容。走进这里时常可以听到这样的话语："现在来之不易的生活要感谢共产党，是党的惠民政策让我们的生活有了变化，让我们步入小康社会。"

2011年—2014年拉萨市共争取扶贫开发项目689项，落实投资70420.4万元，实现80828贫困人口脱贫。

构建"大安全体系"——促进安全生产责任全覆盖

2014年8月9日16时25分，拉萨市尼木县境内国道318线发生一起重大交通事故，一辆旅游大巴车、一辆越野车、一辆皮卡货车连环相撞，事故造成44人死亡、11人受伤，直接经济损失达3900余万元。

尼木"8·09"交通事故现场

面对悲剧的发生，拉萨市人民政府痛定思痛，采取了一系列行之有效的措施，抓好防灾减灾和安全生产工作，切实保护各族人民群众的生命财产安全。

2014 年，拉萨市全面开展安全生产大检查大排查大整治专项行动，对道路交通、非煤矿山等13个重点领域开展拉网式排查治理，严格执行客运车辆“两限一警”政策，消除安全隐患 5800 余处。

拉萨市安监局在街头开展安全生产宣传活动

2015年，拉萨市政府着力构建由政府统一领导、社会多元参与、各方各尽其责的“大安全体系”，努力实现重特大事故“零发生”，实现安全生产事故与死亡人数的下降，促进安全生产责任全覆盖。

全面落实安全生产“党政同责”工作，制定并印发《拉萨市安全生产党政同责暂行办法》，进一步建立健全安全生产责任体系，深化安全生产管理体制改革，推动党委、政府安全生产责任真正落实到位，夯实安全生产基础，促进全市安全生产形势持续稳定好转。

建立每月一次向同级组织、纪律检查部门反馈安全生产事故情况制度和每半年反馈一次半年工作总结（年终工作总结）制度。同时，各县（区）结合实际，定期建立向同级组织、纪律检查部门报送安全生产目标完成情况制度，构建安全生产互相配合、密切协作、齐抓共管的工作格局。

日喀则

民生工程铺就幸福路

走进日喀则江孜县车仁乡热定村，年楚河支流龙马河穿村而过，全村绿树环绕，处处呈现出一片宁静、祥和的美。在高大的白杨树掩映下，一栋栋二层藏式小楼，散落在村庄各处，从民居外精美的装饰可看出热定村的富足。

江孜县车仁乡热定村的优美环境

热定村共有 61 户 351 人，年人均现金收入达到近 5000 元。热定村党支部书记次仁多吉扳着手指，数着村民的增收渠道：因为地处年楚河畔，土地肥沃，全村都种植青稞，平均每户一年的青稞收入就能达到 2 万多元；奶渣产量在江孜县各村名列前茅，一头奶牛一年就能创收 5000 元以上；大部分外出务工的村民都掌握一门实用技能，比如石匠、木匠、缝纫师、绘画师等，不仅收入相对稳定，而且工作很“吃香”，不愁找不到活干；村里有现代农业产业技术示范园，目前优质半细毛羊就有 2000 多只，一年能为村民带来 20 余万元的现金收入。

好房子、好收入、好日子……“这一切都得益于国家的各项惠民利民好政策。”次仁多吉一语道破天机。

日喀则民生十件事，从住房到就业，从医疗到教育，群众需要的、关心的事一个都没落，一件都没少。一场场民生“重头戏”，如春雨般滋润着后藏大地。

住有所居不是梦　环境优美村庄美

“以前，全家 5 口人挤在两间狭小的房间里，通过实施安居工程，我家建起了两层小楼，不但住进了宽敞明亮的新房子，还开起了藏餐馆，现在生活是越过越红火。”拉孜县热萨乡村民索朗喜笑颜开，言语里道不出的幸福。

实现了“住有所居”的愿望后，农牧民群众对环境有了更多、更高的愿望。生活越来越好的农牧民群众也对村庄的配套设施有了需求，能不能有个健身中心、活动室？卫生能不能治理？针对农村公共基础设施、人居环境建设等薄弱环节，日喀则市开展了行政村村级综合组织活动场所、农村人居环境建设和环境综合整治工作。截至 2014 年底，全市已累计投入资金 13.92 亿元，完成 1316 个行政村人居环境建设和环境综合整治工作，累计投入资金 3.43 亿元，完成 1625 个行政村村级综合活动场所建设。

2012 年至 2014 年日喀则市安居工程投资表　　单位：万元

年度	自治区补助	市补助	援藏补助	农牧民自筹	金融机构贷款	合计
2012	31759.50	1163.25	546	73917.64	26975.05	134361.44
2013	19517.50	793.03	——	85040.69	2336	107687.22
2014	25021.50	891.43	400	29732.76	2267.45	58313.14
合计	76298.50	2847.71	946	188691.10	31578.50	300361.80

如今的村庄，环境质量明显改善，村庄风貌整洁优美。农牧民群众不仅住上了新房，还享受到了与城镇居民一样的配套服务。

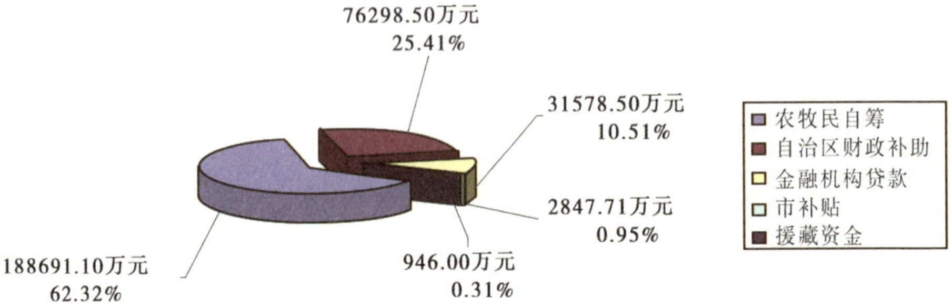

2012 年至 2014 年日喀则市农牧民安居工程投资构成图

除了农牧民的安居房外，日喀则市还把保障性住房建设作为一项重大民生工程，通过“四房三改”、“两补一金”，对低收入住房困难家庭实行住房“托底”，逐步建立和完善了多层次、广覆盖的住房保障体系。

岗巴县干净整洁的安居新村

相关链接

四房三改：“四房”指廉租房、公租房、经济适用住房和干部职工周转房；“三改”指棚户区改造、农村危房改造和干部职工周转房维修改造。

两补一金：“两补”指廉租住房租赁补贴和干部职工按月住房补贴；“一金”即住房公积金。

2012 年至 2014 年日喀则市廉租房建设情况表

年度	套数	总建筑面积（平方米）	总投资（万元）
2012	332	19920	3613.2
2013	1188	59400	12054
合计	1520	79320	15667.2

2012 年至 2014 年日喀则市公租房建设情况表

年度	套数	总建筑面积（平方米）	总投资（万元）
2012	400	16000	2720
2013	4000	160000	31657
2014	2430	97200	11460
合计	6830	273200	45837

2012 年至 2014 年日喀则市周转房建设情况表

年度	套数	总建筑面积（平方米）	总投资（万元）
2012	662	45840	8315.6
2013	1480	83700	17398
2014	1194	60180	14367.6
合计	3336	189720	40081.2

八到农家举措多　党的恩情记得牢

“现在我们走的是水泥路、住的是安居新房，还用上了手机和座机电话，不管是邻里之间还是村与村之间，只需拿起电话，就能把话说了、把事办了；通公路以后，村里许多人家都买了摩托车，只要半个小时就可以到县城，出行十分方便。”说起“八到农家”工程给生活带来的变化，老百姓的话几天几夜都说不完。

近年来，为更好地建设社会主义新农村，日喀则加快实施水、电、路、气、讯、邮政、广播电视、优美环境“八农到家”工程，从根本上改变了农牧民的生产生活条件和居住环境。

看着那哗啦啦的自来水从管道里流出，甘甜清泉不仅流进了群众的水缸里，更流进了群众的心窝里，“村里都能通自来水，在过去这是想都不敢想的事，现在都变成了现实。”

2012 年以来，日喀则市累计投资 1.42 亿元，有效解决了 13.65 万农村人口的饮水安全问题，农村饮水工程在全市农牧区实现了全覆盖，有效解决了广大农牧民吃水难、喝水脏的问题。

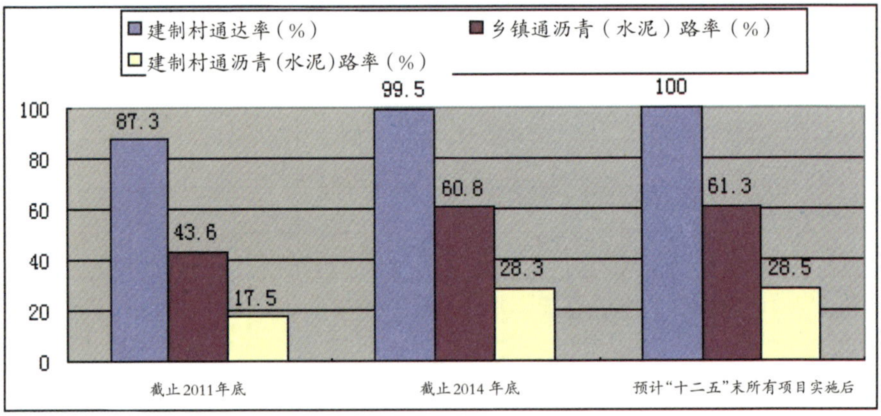

日喀则市乡镇、建制村通达、通沥青路率统计图

在江孜县曲珍老阿妈家，干净整洁的庭院角落，新型阳光板玻璃钢沼气温室棚内长满了绿色蔬菜，曲珍老阿妈一边采摘瓜果，一边开心地说：“2014 年修的这座沼气池，不仅使自家厨房、厕所、畜圈的卫生条件发生了变化，温室大棚种的菜还丰富了自家餐桌。”

建成的通乡水泥路

相关链接：2012年至2014年，日喀则市财政累计投入资金8267.45万元，建设农村户用沼气11565座，全市6万余农牧民群众用上了方便、清洁的沼气。

还有村村通讯、村村通电视广播、村村通电、乡乡通邮，“八到农家”的每一项举措都让群众切切实实感受到了实惠，现代化的通讯也让农牧民群众生产生活方式悄然发生着改变，为提高人民生活水平和促进社会文明进步增添了强大动力。

物价牵动百姓心　平抑上涨措施稳

物价关系到千家万户，关系到百姓365天的生活，如何使物价控制、稳定在百姓可接受范围内，是百姓关心的一个大问题，也是一个实实在在的民生问题。

相关链接 CPI（消费者价格指数）是反映与居民生活有关的产品及劳务价格统计出来的物价变动指标。例如：在过去12个月，CPI上涨3.0%，那表示，生活成本比12个月前上涨3.0%。当生活成本提高，货币价值便随之下降。

近年来日喀则市采取一系列行之有效的举措稳控物价、抑制上涨。落实补贴保障生活。认真落实低收入群体扶持补贴与物价上涨联动机制，及时足额将各项补贴发放到城乡低保、农村五保等困难群体手中，确保低收入群体基本生活不因物价上涨而下降。

保障供给稳定价格。针对近年来牛羊肉价格走势攀高的形势，为满足广大低收入群体对牛羊肉需求，保障牛羊肉市场供应，及时启动了惠民平价牛羊肉投放工作。

日喀则市山东路菜市场一角

加快本地“菜篮子”工程建设步伐。过去日喀则市农贸市场上本地生产的新鲜蔬菜很少，如今随着“菜篮子”工程的大力实施，温室大棚的数量逐年增加，老百姓能买到的本地蔬菜品种越来越多。

完善措施及时干预。价格主管部门密切关注市场价格异常波动，适时启动价格应急预案，对重要商品和物资实行临时价格干预措施，把物价的涨幅控制在城市居民、普通消费者能承受的范围之内。

2012年至2014年，日喀则市CPI指数分别为3.6%、3.1%、3.0%。其中，2014年CPI指数保持温和上涨态势，涨幅较2013年缩小0.1个百分点，全年物价走势相对平稳。

就业工作抓得实　群众增收门路宽

沿318国道出西藏日喀则城西，车行约半小时，就来到了该市拉洛奶牛养殖基地。

车还未走近，远远就能看见一栋栋高大的红房子和连片的厂房，那就是拉洛奶牛养殖基地，是日喀则市目前最大最标准的奶牛养殖基地。

拉洛奶牛养殖基地组图

走进一栋栋牛舍，无论是挤奶设备等设施，还是牛舍的设计，都非常先进。养殖基地负责人土旦说，通过企业、基地和农户相互联动，形成产、供、销一体化格局，增加了农牧民收入。“而且，最重要的是直接提供300余人的就业岗位，辐射带动了这一片地区老百姓就业。”土旦的话语里有自豪也有欣慰。

2012年以来，日喀则市不断创新完善就业“五大机制”，有效稳定并扩大劳动者就业，动态消除城镇“零就业家庭”和农村“零转移农户”，初步实现富余劳动力充分就业。

相关链接：就业“五大机制”：即培训促进就业机制、创业带动就业机制、市场引导就业机制、政策推动就业的机制、能力提升就业机制。

拉孜县油查村蔬菜种植户塔杰，近几年依靠种植大棚蔬菜，已在拉孜县城买了房。塔杰说起了自己致富的事：“这都是托了政府免费培训的福，他们给我们培训了致富技能，让我们掌握了蔬菜种植技术，有了致富的门路和技能。”

像塔杰这样，依靠农牧民培训机制增收致富的还有不少。随着日喀则实施科技兴农兴牧，一大批农牧民群众学到了技术和本领，在饲草料种植，加快畜种改良步伐，建设蔬菜、水果温室大棚，引进适宜的瓜果、蔬菜新品种等方面发挥出了自己的才能，也借此增加了收入，走上了致富之路。

近3年来，日喀则市建立起市、县、乡三级就业和社会保障工作平台，建成20多个社保工作中心和9所民办培训机构，实施“两个中心、八个示范基地、一县一品牌”项目建设等培训项目为重点，开展了一系列就业技能培训。

相关链接：“八个示范基地”：即白朗县旺旦嘎普卡垫编制基地；江孜县谢玛氆氇编制基地；康马石材加工基地；仁布县玉石加工基地；

拉孜县和萨迦县西部中心培训基地；定结县竹艺编制基地；萨迦唐卡等民族特色手工艺品基地；定日聂拉木珠峰旅游行业基地。

“一县一品牌”：即桑珠孜区的餐饮服务、江孜县的谢玛氆氇、白朗县的旺旦嘎普卡垫编制、亚东县的林下资源加工、岗巴萨嘎仲巴谢通门昂仁县的牧业产品加工、定结吉隆县的竹艺编制、南木林县的藏香制作和绘画、仁布县的玉石加工、定日聂拉木县的旅游业开发。

老吾老以及人之老　幼吾幼以及人之幼

“自从住进敬老院，那真是享福了。前阵子我生了场大病，多亏敬老院工作人员和一起居住的邻居细心照顾才慢慢康复，要是像以前那样一个人住，怕是早不在人世了。”萨嘎县 76 岁的扎西老人说起自己入住县敬老院后的感受，满脸幸福。

萨嘎县拉藏乡敬老院里的五保供养老人正在吃饭

目前，日喀则农村五保供养对象共有 2178 人，实现集中供养 1119 人。五保老人年供养标准从 2012 年的 2400 元提高到 2900 元，为五保老人生活保障构筑了最后一道“安全网”。

“次仁是个不爱说话的内向孩子，巴桑比较调皮，德吉喜欢吃蛋糕，洛桑喜欢打篮球……”走进日喀则市儿童福利院，院长米玛次仁一一介绍。有一个温暖的家、有一个美好的前程，福利院里的孩子们每天都在欢歌笑语中度过。

让每个孩子有学上、上好学

“现在上学不但免交学费、住宿费、书本费，学校还给我们每个人每月补助200多元伙食费，我现在上学基本不花家里的钱。”日喀则市实验中学高二学生巴桑扎西说，正是有这样的优惠，才让他这样家庭贫困的学生有了学上、也上了好学。

巴桑扎西眼里的优惠政策在江孜县江热乡完全小学校长那里也得到了印证。“目前，我们学校包括学前班在内，全校612名学生的一日三餐都在学校吃。”据他介绍说，按照教育“三包”政策，学校免费给所有学生提供早中晚三餐。

近年来，日喀则市形成了从幼儿园到高中（职高）阶段15年免费教育体系，各项资助政策多达43项，“三包”标准达到每生每年二类区2800元、三类区2900元、四类区（包括边境乡镇）3000元。

相关链接：2014年，日喀则市设立教育奖励基金，制定了《日喀则市教育奖励基金管理暂行办法》，对学科教学能手、师德标兵、优秀班主任、优秀教育管理工作者、教育突出贡献者等进行奖励。

白朗县中学学生在上实验课

城乡医保全覆盖　百姓健康有保障

拉巴普赤是日喀则甲措雄乡聪堆村村民，2013年2月被确诊为肾病综合征，治疗后3个月医疗费用花了15.2万元。

让拉巴普赤完全没想到的是，这次大病她最后竟然是分文不花：通过新农合途径报销了6万元，通过大病保险报销了7万元，剩余费用通过其他渠道全部得到了救助。“没有医疗保险，就没有现在的我，国家的好政策救了我的命！”拉巴普赤感激地说。

2014年日喀则市农牧民人均免费医疗经费提高到400元/年，在乡、县、市级以上医疗机构住院报销补偿比例分别提高到95%、

90%、85%，住院报销封顶线提高到6万元，仅2014年受益群众就达到135.56万人次。

巴丹是南木林县南木林镇的普通农民，在2014年一次全民免费健康体检时，确诊为白内障，县卫生服务中心邀请上级医院医疗专家，对他进行了一次免费手术。

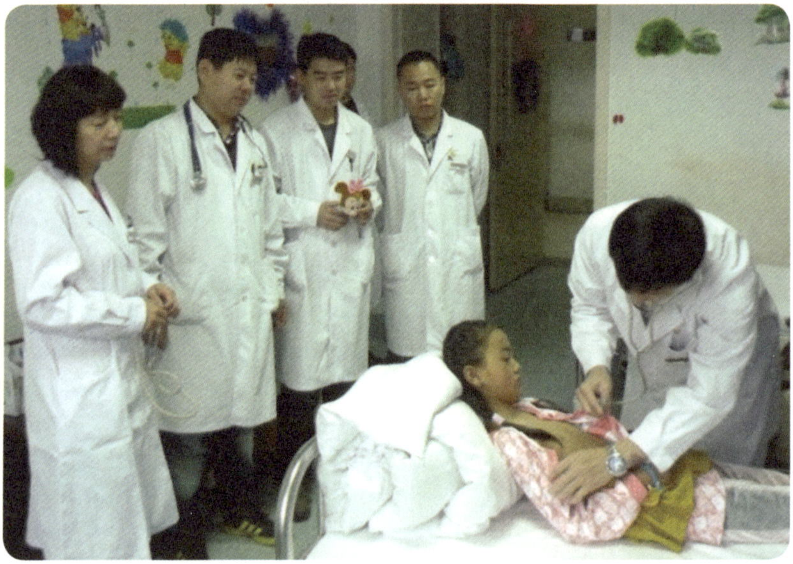

日喀则市的先心病患儿在北京接受治疗

拉巴次仁是岗巴县直克乡一名9岁儿童，2012年经过初筛、复筛后，被确诊为先天性心脏病。在各级各部门的关心下，拉巴次仁被送到内地进行免费治疗。

26岁的次仁吉拉是南木林县索金乡农民，2014年12月到市妇幼保健院住院分娩，住院时胎盘完全性粘连导致产后大出血，医院及时组织医护人员做了手术。临走时，次仁吉拉住院分娩的费用还得到了100%的报销。

像这样的免费体检、免费治疗、全额报销的惠民政策，真正让农牧民患者病有所医，从此告别了“因病致贫、因病返贫”的历史。

文化惠民深入推进　百姓精神文化丰富

“新的文化站、文化活动中心和农家书屋，让我们在农闲时候，日子过得更加有滋有味。”谢通门县农民帕珠开心地说。

“过去鸡一生病，我就要急着跑到镇上的农机服务中心兽医站求医问药。现在村里的农家书屋各种关于养殖、种植的书籍应有尽有。只要有空，我就来这儿学习学习。”日喀则市甲措雄乡奴杰村的养鸡大户达次滔滔不绝地说着农家书屋给自己带来的实惠。

日喀则市曲布雄乡顶村农民在农家书屋看书

“农家书屋的建立，我们都是拍手叫好，像我家离农家书屋只相隔几十米，有不懂的就去书屋看看，有时候还会叫上儿子一起过来看书学习，拓宽儿子的知识面。”村民拉巴说。

老百姓的话语里有一个共同的音符：满足。这种老百姓有别于物质生活的满足感恰好就是文化事业蓬勃发展的印证。

除了在农家书屋学学知识，去看看电影也是农牧民群众精神文化生活不错的选择！

“赶快干活，晚上去看电影。”“听说是《天上的菊美》。”“这么快就放到咱们这儿了。”这是江孜县文广局文化影视服务中心放映人员到金嘎乡秋参村放电影时引起的热议。

在回家的路上，村民米玛乐呵呵地想：“现在每月都能看上一场电影，看电影丰富了我们的生活，真是打心眼里感谢党和政府。”

相关链接： 2009年，由吉林省援藏投资建设的日喀则珠峰电影城，填补了日喀则没有数字电影院的空白，为市区群众欣赏画面清晰、音响震撼的国内外电影大片开辟了途径。该影院于2011年8月正式加入中影数字院线加盟影院，实现了与全国同步上映，深受广大市民喜爱。

截至2014年底，日喀则市共有103个农牧区电影放映队（含扎寺放映队）活跃在1811个放映点，一批深受老百姓喜爱的电影成为了基层群众的文化大餐。

日喀则珠峰文化旅游节开幕式上的藏戏表演

相关链接：《江孜印迹》实景剧是充分利用江孜独特的文脉、地脉、人脉，以宗山古堡、白居寺、祭祀山为背景，配以光、声、电等高科技手段，穿越江孜1200多年的历史，精心打造的一场原生态大型文化盛宴。实景剧共分《序》《山的印迹》《光的印迹》《盛世印迹》《英雄的印迹》及《不落的太阳》等六个篇章。

《江孜印迹》实景剧演出现场

扶贫开发见实效　脱贫致富奔小康

多年来，日喀则市的扶贫开发工作始终紧紧瞄准人均收入低于2300元的贫困人口为扶贫对象，采取有力措施，推进扶贫开发。截至2014年底，全市贫困人口已下降到了6.7万人。

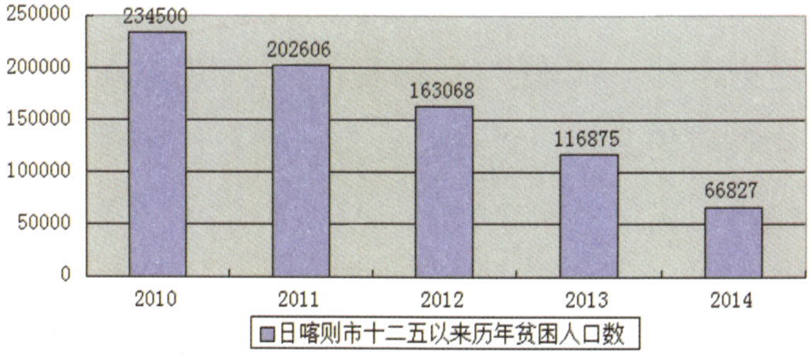

岗迪混凝土农民专业合作社是日喀则市第一家混凝土农民合作社。在成立后的短短两年间，入股户数就达 343 户，其中贫困户 60 户。

“现在啊，我们合作社总投资 1300 多万元，其中扶贫资金先后投入 550 万元，给我们累计分红总金额达 261 万元。”通过扶贫项目参与到合作社的扎巴感觉自己比中了头彩还兴奋。

像岗迪混凝土农民专业合作社一样，通过扶贫资金的注入和扶贫项目的带动，给当地贫困户挖出了一座座金山、银山，让他们也尝到了致富的甜头。

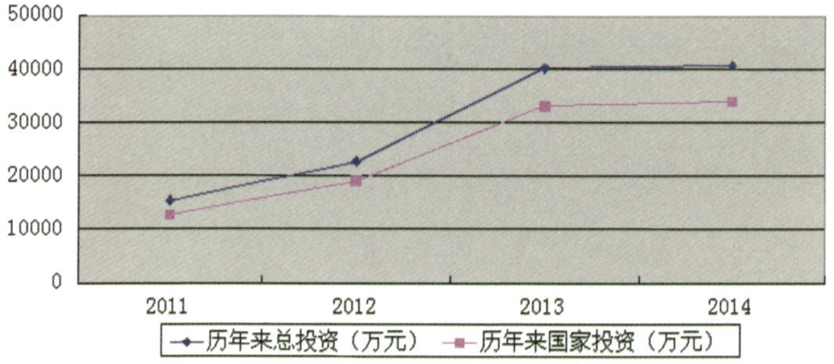

2012 年至 2014 年，日喀则市扶贫开发总投资突破 10.4 亿元，累计发放扶贫贴息贷款 34.4 亿元，极大地缓解了农牧户“贷款难”的问题，有效改善了农牧民群众生产、生活条件。

借用扶贫资金，南木林县藏鸡养殖合作社这几年也是风生水起。走进南木林县秋木乡别晋村拉巴扎堆的家，他兴致勃勃地介绍起他家喂养的藏鸡：“这是合作社给我们免费发放的藏鸡，等年底我们再把鸡蛋卖给合作社，仅卖鸡蛋这一项我们就能增收 2000 元左右。”

近两年，南木林县在扶贫工作中利用群众养殖藏鸡的传统，重点解决传统藏鸡养殖中技术缺乏、规模偏小、销路不通等问题，通过人才引进、龙头企业带动、培育合作社发展等措施，走出了一条新时期产业扶贫的新路。合作社采取“一个五五、两个七三”的利益联结机制，为贫困群众统一购买修建鸡舍原材料、发放脱温鸡苗、饲料等，最终实现合作社负责组织生产、龙头企业负责营销的双赢模式。

谢通门县皮具加工项目

干部进农家解民忧　群众得实惠感党恩

行走在日喀则市的乡村，处处都能感受到每一个村庄悄然发生着的变化，处处也能听到对驻村工作队的赞美：“现在有驻村工作队，家里有困难不担心，只要和驻村干部讲了，他们就会竭尽全力帮助我们解决。”

自全区创先争优强基惠民活动启动以来，日喀则市先后派驻 4 批驻村工作队、24000 多名干部，进驻全市 1673 个村（居）开展工作，切实把党和政府的关心温暖送到了千家万户，广大农牧民群众亲切地把驻村干部称作“雪山上的太阳”。

欢送各驻村工作队

走进甲措雄乡贝杂村农机合作社，各类大型农用机械让人眼前一亮。为发展壮大该村集体经济，驻村工作队通过多种渠道，争取资金 100 余万元，成立了农机合作社，购置了大型联合收割机、拖拉机、种子精选机等 10 余种大型农机机械，合作社一年为村里增收 10 余万元。

相关链接：整乡推进干部驻村工作：采取“三重点”措施，即地、县（市）强基办重点指导，区、地级驻村工作队重点帮扶，“短平快”项目及其他行业部门项目重点倾斜，形成了基层组织共建、和谐稳定共创的整乡推进干部驻村工作生动局面。

三年来，日喀则各驻村工作队共发展集体经济实体1747个，合作经济组织实体763个，实施项目1.3万个，整合落实资金26.64亿元；办实事解难事48.75万件，投入资金6.58亿元，解决了一大批事关群众切身利益的问题。

事实证明，创先争优强基础惠民生活动的深入开展，顺了民意、暖了民心，党和群众的血肉联系更加紧密了。

日喀则市强基办举办的驻村工作队文艺汇演

便民警务站　安全又方便

“有困难就找便民警务站。”这句话已经成为日喀则广大市民群众的一句口头禅。

白色的墙壁、蓝色的醒目标识、简单朴素的外观……，日喀则市街头巷尾的便民警务站已成为群众温暖的避风港。目前，日喀则市便民警务站已基本建立起了全方位的服务网络，给群众指路、调解邻里纠纷、给群众讲解法律知识……为日喀则筑起了一道全天候治安防线。

日喀则市区内的便民警务站

2014 年 6 月 29 日夜，日喀则迎来了几年不遇的大暴雨，市区主要街道以及居民区严重积水。15 号警务站民警接到命令，火速赶到藏隆广场增援。辅警巴桑次仁看到有个小孩在哭，在得知孩子和父母因大雨走散了后，巴桑次仁将小孩背到了警务室，并通过小孩的描述帮他找到了父母。孩子的父母不停地道谢：“你是人民的好警察！”

市新宫便民警务站在一次值班备勤中发现一辆故障出租车斜停在公路中央，值班民警及时为其更换备胎，同时帮助疏导交通。

救助、帮扶群众是便民警务站的日常工作，而强化治安巡控、增加群众安全感也是他们义不容辞的职责。日喀则市每个警务站平均覆盖半径 300 米至 500 米，采取警用车巡、步巡相结合的巡逻方式，24 小时不间断开展巡逻，切实提高了街面见警率，有效挤压犯罪空间。

利寺惠僧政策好　和谐寺庙人心畅

如今，常听寺庙僧尼这样说："过去，寺庙和僧尼有困难也不知道找谁去解决。现在好了，有了寺管会、有了驻寺干部，每名僧人的困难驻寺干部都看在眼中，主动来帮我们解决，让我们真切感受到了党的关爱，我们一定会爱国爱教、守法持戒。"

近年来，日喀则市在全市所有寺庙全面实施"一覆盖"工作，将所有在编僧尼全部纳入社会保障体系。截至 2014 年底，全市在编僧尼参加医保、养老、人身意外伤害保险率分别达 100%、98.38%、100%，2622 名特困僧尼享受低保政策，进一步坚定了他们听党话、跟党走的信心和决心。

新修建的寺庙通水工程前

通寺公路

很多老僧人都有这样的感慨："我们都这大把年纪了，还能享受到党的各种优惠政策，吃饭、就医看病及养老不用犯愁，打心眼里感谢党和政府对广大僧尼的关心。"

受道路通行困难的影响，每年旅游旺季到俄尔寺朝佛的人并不多，"因为寺庙离市区远，乘车路难走又存在安全隐患，所以很多游客都望而止步。"俄尔寺管委会副主任达娃次仁说，自从"九有"工程为寺庙修了路，现在来寺庙旅游的人也越来越多。

扎什伦布寺的老僧人索朗平措也高兴地说："如今，寺庙内自来水、电视、网络、报纸等一应俱全，生活非常方便，我们完全可以潜心修佛了。"

截至2014年底，日喀则市累计投入资金3亿余元用于寺庙"九有"工程建设，覆盖率达到94%以上。预计2020年前，实现全市所有寺庙通路、通水、通电、通广播电视、通讯全覆盖。

责任意识筑心间 安全红线守得严

"人命关天，发展决不能以牺牲人的生命为代价。这是一条不可逾越的红线。"近年来，日喀则市初步建立了以党政一把手为第一责任人的市、县、乡三级安全生产体制机制，严守红线，安全生产形势持续稳定好转。

安全生产事故起数（起）

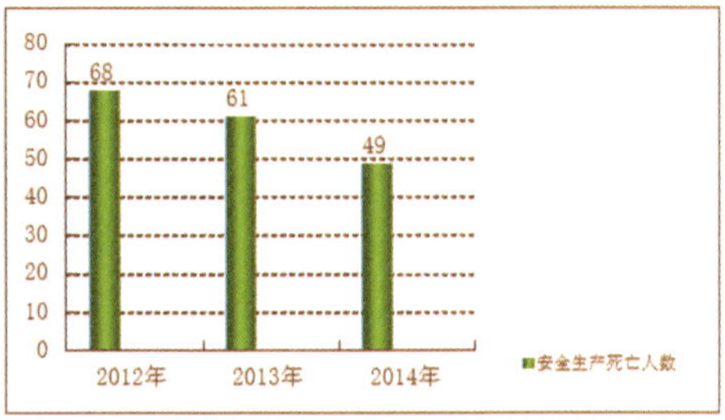

安全生产死亡人数（人）

相关链接： 2014年，日喀则市共发生安全事故70起，死亡49人，受伤70人，经济损失124.24万元，与2013年相比事故起数下降64.6%，死亡人数下降19.7%，受伤人数下降64.6%，经济损失下降73.6%。

食品药品，样样连着民生；食药安全，件件关乎民情。近几年来，日喀则以市场、城乡结合部、学校为重点区域，开展了食品添加剂、乳制品、婴幼儿食品、地沟油“五整治”等专项整治行动，采取“严查、严打、严办，零容忍”措施，有效防止了重大食品药品安全事故的发生。

消防安全关乎千家万户的幸福！近年来，日喀则市消防安全管理日益精细化，不断深化公安、安监、工商、质监、商务联动联查机制，推行“5+2”反复排查、“白 + 黑”错时检查、重大隐患“回头看”的常态监督方式，有效遏制预防了重特大火灾事故的发生。

道路行车安全关系到千万人的生命安全。近几年来，日喀则市交通执法部门不断加强对道路运输市场的监管力度，利用路查采集系统，重点检查“两客一危”车辆情况，确保了交通安全生产状况持续稳定好转和无重特大事故的发生。

相关链接： 截至 2014 年 12 月底，日喀则市交通执法部门路查车辆总数 110113 台 / 次，清查单超车次 6486 次、强制卸载吨位 124 吨。

保护好森林就是保护人类生存的根本。近年来，日喀则市的林区森林防火工作已初步进入网格化监管，从 2007 年开始，全市 5 个有林县与森林相接壤的邻国共同开展边境森林防火联防工作，确保了林火被堵截在国门外，实现了森林火灾“零发生”的目标。

山南

“十大民心工程”里的民生哲学

“阿佳，买包盐。”在山南地区错那县勒乡勒村一个农家小店内，着急买盐的大群宗向店主喊道。“菜下锅了才想起家里没盐了，赶紧跑来你这里买。”拿到盐的大群宗高高兴兴地回了家。

农家小店里商品十分丰富

勒乡地处偏远，距离错那县城五六十公里，路况较差，乡亲们平时出去一次非常不容易。

解了大群宗这着急事的农家小店，得益于 “万村千乡”惠民工程的实施。

村民坚村维色也有这样一家店，每年靠小店的生意一家人能收入上万元，农家店已成为他们家的致富“好帮手”。在坚村维色的农家小店里，日用品、副食品等和群众日常生活息息相

关的物品一应俱全。前来坚村维色家购买啤酒的巴桑点了个赞：“如果去县城采购，还得花上百元的路费。农家小店是真正为我们服务和让我们消费得起的便利店。”

过去几年里山南地委、行署就掐准了这个“民生哲学”，坚持把保障和改善民生作为推进各项工作的首要任务，实施了“十大民心工程”，真正让广大群众得实惠，真正让发展成果惠群众。

让群众用上“放心水”

“政府给我们村建起了蓄水池，又铺设了自来水管，如今我们也和城里人一样用上了干净的自来水，又方便又放心……”。在自家院子里就能用上自来水洗菜、做饭，乃东县亚堆乡郭乃村村民旺姆感觉这生活，就如同那清凉的自来水一般甘甜。

乃东县农牧民安全饮用水工程竣工通水

“吃水难”一直是基层广大农牧民群众的揪心事，找水吃、背水吃、吃脏水的记忆对很多农牧民群众而言并不陌生，得一汪清泉成了他们期盼多年的愿望。2014年8月顺利完工的郭乃村饮水安全工程彻底结束了全村58户、260人靠背水吃的历史，切实保障了农牧民群众的身心健康。从群众最急切之所盼、所愿入手来解决问题，真正把群众的需求解决在第一时间，就是山南地区“民生哲学”的要义。

2012年至2014年，山南地区共完成农村饮水安全工程111处，覆盖12县82个乡（镇）、106个行政村，共解决了3876户饮水安全问题。建成寺庙供水工程181座，共完成投资6055万元。与此同时，实施了雅砻、江北、隆子、曲松等灌区续建配套与节水改造工程，累计修建灌渠2012条3472公里，建成中小型水库16座、水塘2420座，新增和改善灌溉面积64.58万亩，解决了6.09万户、27.78万农牧民的安全饮水和灌溉问题。

用上“安心电” 生活步步高

对于广大农牧民群众而言，能用上“安心电”是他们生活中的另一份期盼。

“洛扎县全靠县里的小水电站供电，常常因为没水等原因供不上电，一周停个两三天的电是常有的事，好多新闻无法上传，严重影响了宣传工作。”多年来，受经济发展以及自然条件等因素影响，没电、停电极大的困扰着广大群众尤其是边远农牧区群众，洛扎县电视台台长吾金就深受其苦。

事实上，“停电”之苦已不仅仅体现在工作的不方便上，更是阻碍着当地社会经济的快速、持续发展，滞后了与全国人民一道奔全面小康的愿景。

世界海拔最高的大型水电项目——加查县藏木水电站

群众的呼声朝向哪里，政府的用力便使在哪里。2014 年初，为解决基层干部群众用电难的问题，山南地委、行署推出了“安心电”工程，下决心要彻底改善群众用电需求。

加快推进藏中能源基地建设。藏木水电站实现首台机组发电，加查和大古水电站开工建设，初步建成了江北 100 兆瓦太阳能光伏基地，全地区电力总装机 28.38 万千瓦，年发电量达 12.33 亿千瓦时，2010 年以来新增和改善农牧民用电 1.7 万户 7.24 万人。

农网改造升级基本完成。2012 年—2014 年，山南地区措美、隆子等 5 县农网改造升级工程建设开展，项目总概算投资 55040.83 万元，直接解决了 16978 户 72428 农牧民群众生产生活用电问题，使山南地区通电率提高到94.3%。

如今的雅砻大地上，一根根电杆整齐地矗立着，崭新的银线跳跃在高原的阳光中……“以后咱们县里就不会经常断电啰，做什么事都方便了。”当谈起农网改造将带来的变化时，吾金喜悦之情溢于言表。

铺就致富“连心路”

2014年，在山南地区贡嘎县江北油路的施工现场，一辆辆卡车来回运送着沙土，工人们热火朝天地进行着道路施工，一条通向村民家门口、通向致富的“路”也逐渐展现在村民眼里。

贡嘎县江北油路施工现场

贡嘎县昌果乡村民扎桑罗布是一名红土豆种植户，眼看着江北油路要通车了，他的心里比旁人更多了一笔“生意经”：乡里、村里通了油路，不管是到拉萨还是到地区都很方便，运输土豆的成本自然就降低了。这省下的运输成本就成了装进自家口袋的现金收入，难怪扎桑罗布满脸藏不住的幸福：“守在家门口就能致富，咱老百姓的生活不红火都难呐！”

2014年，山南地区针对全地区农村公路中存在的发展不足、不平衡等问题，提出投资7亿元建农村公路“连心路”项目，受益群众达9万多人。一条条通村路的民心工程建设，不仅成为一条通向幸福安康的道路，更是成为一条干群关系的“连心路”。

截至2014年底，山南地区71个乡镇、179个建制村实现公路通畅，通畅率分别为86.58%、32.3%，公路沿线受益人口0.45万人。

“畅心讯”让交流更方便

当下社会，电话、手机、电脑不再是什么新鲜玩意，早已走进了寻常百姓家。但是，曲松县色吾村温泉组组长次仁达瓦却曾因为手机信号不好而苦恼不已：“作为小组长，经常需要向上级汇报工作，但村里无法接打电话，一遇到急事，就要爬到附近的高山上，找半天信号才能勉强通话。”

曲松县堆随乡政府卫星电话基站

“信号”不好其实释放出的也是一种信号：老百姓的通信并不畅通。山南地广人稀，农牧民群众居住分散，通讯信号不能全覆盖。加之还有很大一部分乡、村未通邮，给群众、干部的工作、生活带来了极大的不便。

群众之忧，政府看在眼里。山南地区的“十大民心工程”之一就是“畅心讯”，就是要解决通讯不畅带给群众的困扰。2014年，山南地区投入近1.5亿元，实施民生“畅心讯”工程，实施了移动网广覆盖和宽带通信、数字边防、“乡乡通邮”等工程，全地区行政村通邮率达79.2%，通电话率、通宽带率均达100%。

助学政策让“寒士”尽欢颜

2012年，山南地区第二高级中学学生土旦加措以455分的高分考上了北大法学系，然而这份幸福对土旦加措却成了一份负担，贫穷似乎成了挡在“成才”道路上跨不过去的坎。

乃东县马珠镇幼儿园的小朋友在做趣味游戏

但是，令土旦加措一家人意想不到的是，政府不仅给他交上了学费，还通过《山南地区资助农牧民子女上大学实施办法》解决了他的生活费，真正让贫寒学子能上得起学、上安心学。

像土旦加措一样，通过《山南地区资助农牧民子女上大学实施办法》以及其他针对农牧区的教育优惠政策得到资助的学子在山南还有很多、很多。

近年来，山南地区紧紧围绕办人民满意的教育这一目标，让广大农牧区孩子有学上、上得起学、上安心学。2014 年落实秋季“三包”提标资金 449.54 万元，“三包”标准达到生均 2900 元，提高了 200 元。落实乡镇教师生活补助 954.9 万元，享受人数达 1806 人。严格执行农牧民子女上大学资助政策，2014 年列支 1475.83 万元，对 5436 名大学生进行了资助，三年来共投入 2833.83 万元用于资助农牧民子女上大学。

相关链接： 目前，山南地区共有各级各类学校 380 所、学生 57291 人，城镇学前三年、农牧区学前两年儿童毛入园率分别达到 96%、86.75%，小学入学率达 99.99%；初中毛入学率达 101.51%，高中毛入学率达 85.5%，青壮年文盲控制在 1% 以内。2014 年小学升内地西藏班考试成绩比 2013 年提高了 9.37 分、中考成绩提高了 11 分、高考录取人数提高 3.6%。

牧区科技点亮智慧生活

科技是第一生产力。但是，怎么才能让一批科技成果真正用到农牧区群众的生产、生活上，助推群众点亮智慧生活？

山南地区坚持以改善民生、服务民生为出发点和落脚点，紧紧围绕产业重点，筛选了一批符合国家产业政策和科技含量的科技项目进行申报，累计争取项目投资达 7730.8 万元。

组织实施了乃东县现代奶源基地建设、琼结县规模标准化养猪技术示范与推广、扎囊县油菜标准化栽培技术示范等 11 个国家科技富民强县项目，投资达 1999 万元；西藏牛羊高蛋白方便砖饲料产业化示范推广、桑日县藏红花种植技术示范 2 个国家星火计划项目 70 万元。

充分发挥农牧民科技特派员作用，加大科技特派员培训、培养、激励和创业扶持力度。农牧民科技特派员人数从 2011 年的 297 名增加到 1000 名，覆盖率达 90.25%。2013 年科技对农牧业的贡献率达到 43%。

琼结县加麻乡科技特派员给合作社绵羊进行防疫

把"精神食粮"送到家门口

"农牧民富了，更期盼精神文化享受。新农村建设就是通过建设农村文化广场、农村文化活动室，来夯实农村文化基础设施，丰富活跃农村文化，以此来促进社会主义新农村乡村文明建设。"山南地区文广局一位工作人员充满信心地说。

相关链接： 2012、2013 年山南地区相继出台《关于推进文化强地工作的决定》《关于建设文化强地的实施意见》，为文化发展提供充足政策、资金、人才保障；2013 年底，成功申报了国家第二批公共文化服务体系示范区创建城市；2014 年，成功申报全国首批基层综合性文化服务中心建设试点地区。

山南地区明确将财政收入的 3% 用于发展文化事业和推进公共文化服务体系建设，每年设立 1000 万元农村文化建设专项资金，支持基层公共文化服务体系建设。

现在的雅砻大地上，文化活动室、农家（寺庙）书屋、电影电视等已经进入到农牧民群众家门口，广场舞、各类文体活动让群众充分享受到了文化成果。

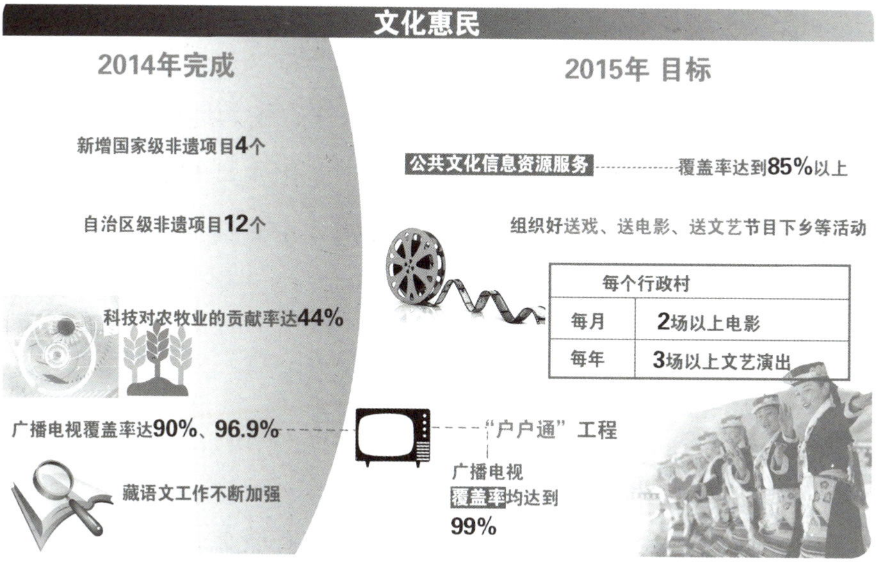

2014 年 12 月 15 日，山南地区琼结县拉玉乡强吉村村民一大早就等在了村委会门口，听说地委宣传部的同志要给他们送一些政策法规和养殖技术的藏文版读本，村民们都非常期待。“这些

书都通俗易懂，丰富了我们的业余生活，作为双联户户长，我要多翻看些法规类书籍，把村民的安全放在心上。”强吉村双联户户长次旺罗布领到书时开心地说。

山南地区开展文化遗产日庆祝活动

送到家门口的精神食粮，大伙自然乐意看、喜欢看。

近年来，山南地区举办的一系列如雅砻文化节等大型群众性文化活动，内容不断创新，提升了活动水平，成为地区性品牌节目。丰富多彩的文化活动，使基层群众精神文化生活日趋活跃，群众参与度不断提升，真正建成了广大群众离不开的便民、利民、乐民、为民的文化家园。

听到致富经、看到党恩深

“我们最喜欢看中央七套农业节目，看致富经、农广天地、科技苑、每日农经等节目，从里面可以学到致富的本领。”从电视里学经验、从广播里听“财道”，对村民达瓦来说，致富奔小康的道路是越走越宽广、越走越便利。

群众在家中观看电视

事实上，和达瓦一样，雅砻大地越来越多的农牧民群众开始享受到广播电视村村通这项民生工程所带来的福音。除了听、看致富经验，他们还能从广播和电视上获得国家惠农政策的第一手信息，能及时了解到国家给西藏人民的各项优惠政策和温暖，能时刻感受到共产党比天高、比海深的恩情。

截至 2015 年 2 月，全地区共实施广播电视“户户通”工程 96569 套，广播电视覆盖率达到 90.02%、96.87%，“户户通”工程实现了已通电农牧民的全覆盖。

好政策“护航”好健康。乃东县结莎居委会 76 岁的老人拉巴经常说：“现在每年都有免费体检，生病我就抓紧治，小病不用出村，大病可以报销，党和政府的好政策为我们的健康保驾，我们一定会多活几年。”拉巴老人的话说出了广大农牧民群众心里的声音。

近年来，山南地区投入 2.3 亿元，打造“爱心医”工程，切实解决老百姓看病难和看不起病等问题，让广大农牧民群众真正得到了实惠。

2014 年，山南地区投入本级财政、援藏、企业助医等方面的大量资金，新建全地区 12 个县的村卫生室 274 个，总投资 5313 万元。

投入资金 3300 万元，实施城乡居民和在编僧尼免费健康体检、先心病患儿免费筛查救治工作。对全地区 0 ～ 18 岁儿童共计 34716 人进行先心病筛查，查出疑似病例 347 人。目前，已确诊先心病儿童 33 人，具备手术指征 18 人，救治 14 人。投入资金 530 万元，购置尿毒症血液透析机，帮助救治尿毒症患者。投入资金 4000 万元，建设地区妇幼保健院。

山南开展送医下乡医疗就诊活动

在就业中得幸福。“领到了资格证书，就多了一项就业技能，以后这生活啊都不用愁！”2014 年山南地区 70 多名学员圆满完成装载机技能培训，顺利拿到国家颁发的特种作业操作证后，幸福的生活离他们又近了一步。

近年来，山南地区不断创新思路，加大农牧民技能培训，拓展群众就业渠道，让广大群众在就业中得到了实惠。

阿旺曲扎是山南地区琼结县地地道道的农民，2013 年他参加了当地人社局组织的专业培训班后，很快在扶持下创办了“琼结县达瓦卓玛民族手工业加工合作社”，并在第二年实现创收，产品销售额达到了 70 多万元。

阿旺曲扎说，合作社通过“以工代训”和“外发加工”方式，加工具有琼结特色的民族服饰，为当地民众增收增添了新途径。目前，100多名基层民众接受了服装设计、剪裁、缝制等技术指导与培训，安置就业人数达180多人。

山南地区技能培训中心学员领证时的喜悦表情

劳务输出、农牧民技能培训、就业援助……这一套“组合拳”，让广大农牧民群众练起了增收的百般武艺。为了让更多富余劳动力走出去，“技”闯四方，促进农牧民群众增收致富，2014年以来，山南地区举办农牧民培训班21期，培训失地农民1300余人，内容包括厨师、美容美发、缝纫、建筑等行业。

次仁卓嘎在家乡洛扎县成立民族手工业培训基地，并与拉萨一家旅游产品销售公司签订产品长期销售合同。“我们每年生产的提包、面具、卡垫等商品完全不愁销路。”次仁卓嘎的培训基地招收有20多名当地群众，人均月工资都在2000元以上。

和次仁卓嘎一样成功创业的还有曲松县的格桑旦琼、加查县的次仁央宗，他们也是通过创业培训后，找准了致富门路。现在，全地区12个县都已创建了自己的品牌。

洛扎县粉丝加工厂工人正在捆扎粉丝

帮助农牧民群众创业、组织高校毕业生招聘会……看似简单的工作，却实实在在帮助不少农牧民群众解决了就业难题，收到“培训一人，输出一个，脱贫一户”的良好效果。

让“应保尽保”落地生根

“生病住院，医保可以报销；老了，国家还给养老金。党的政策真是越来越好啊，这日子过得也是越来越舒心呢！”山南地区乃东县噶旺老人逢人就说。

农牧民生活得到保障，得益于“应保尽保”政策的落地生根。2014 年上半年山南地区农牧民免费医疗实际参合人数 294047 人，落实农牧区免费医疗基金 11267.96 万元。五大社会保险参保人数达到 26.16 万人次，参保率均在 97% 以上，高于全区平均水平。积极推进商业保险，政策性农业保险和农牧民人身意外伤害保险参保率均达到 100%，2010 年以来累计赔付 5626.96 万元、1919.26 万元。

积极关注弱势群体，让所有人都能享受发展成果是山南地区各级党委、政府最为关心的事。“我做梦也没有想到自己不用交一分钱就可以像城镇退休职工一样按月领取养老金了，这下我们安度晚年不用愁了。”来自琼结县琼结镇雪巴村的土旦尼玛老人手里拿着刚刚领到的新型农村社会养老保险养老金存折后激动地说。

山南地区残疾人技能培训人员拿到结业证时的喜悦

近年来，山南地区积极执行低收入人群社会救助和保障标准与物价上涨挂钩联动机制，各类救助和保障标准全面提高，2010年以来累计落实城乡最低生活保障金 2.56 亿元、农村医疗救助资金 7600 万元、救灾救济资金 8155.9 万元。

“暖心房”暖民心

错那县觉拉乡村民扎西家的房子正在新建中，每天他都要围着工地转转，看看房子盖得怎么样。“想想很快就能住进宽敞明亮的漂亮新房，心里就非常高兴。”扎西充满幸福和激动地说。

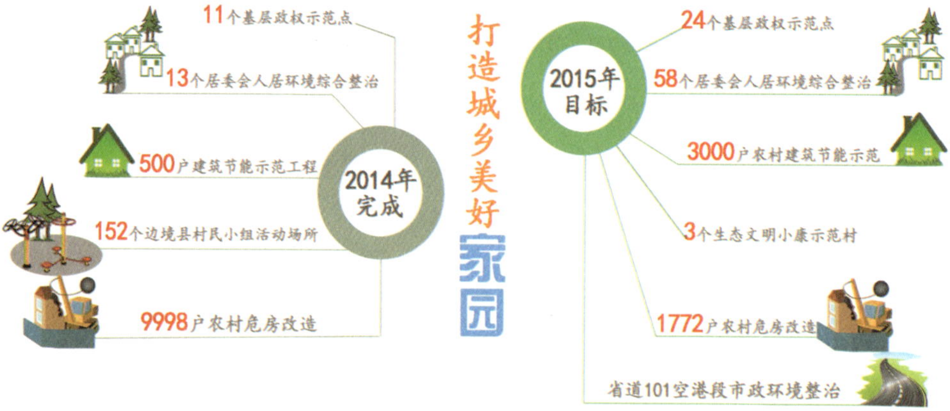

山南地区整合资金，在农牧民安居工程的基础上积极开展保障性住房建设和危旧房改造等“暖心房”工程，真正温暖了广大农牧民群众的心。2010年以来，山南地区共落实资金36.56亿元，实施了农牧民安居工程和农村人居环境综合整治工程，累计完成4.58万户安居工程建设任务和554个行政村的人居环境综合整治工程，全地区7.2万户农牧民全部住上了安全适用的房屋。

山南地区曲松县农牧民安居房

现在，山南广大农牧区乡村基础设施基本配套，环境质量明显改善，村庄风貌整洁优美，农牧区整体面貌焕然一新……过去低矮阴暗、人畜混居的房子不见了，取而代之的是一座座宽敞明亮、安全适用、人畜分开的安居房，广大农牧民生产生活条件得到明显改善，农牧民深切感受到了党和政府的亲切关怀。

产业链条下的致富路

错那县勒布茶厂生产的茶叶被称为“门隅仙茶·玉罗冈吉”，在茶厂务工的群众每天都能拿到50至70元的工资，带动了当地群众的增收。

错那县勒布茶厂

像勒布茶厂一样，利用产业带动农牧民群众增收致富，是目前带动群众致富极为有效的手段之一。

近年来，山南地区积极发展各项产业，让群众在产业化发展中实现增收致富。一批批特色种植养殖业、建筑业、运输业、药品生产以及各种服务行业等迅猛发展起来，农牧民群众在产业发展中得到了实实在在的好处。

“以前村里都是靠山吃山，如今，政府为我们请来了专业技术人员，在乡亲们中间传授竹木器加工技术。现在，大家个个都是技术能手，收入也明显提升了。”边境小乡拉郊村民米玛旺姆自豪地讲着村里的变化。作为曾经的贫困户，米玛旺姆就是靠做竹器发了家、致了富。

2010年以来，山南地区共落实政策性补贴32.25亿元，农牧民年人均直接增收2647元。创新实施了“500万元以下的项目交由各县、各县交由具有相应资质的农牧民施工队实施”的举措，2010年以来转移农村富余劳动力41.33万人次、实现劳务创收20.67亿元，人均创收5001元。

“参与式扶贫”扶进心坎里

忙完了地里的农活，扎囊县施公村村民巴桑急忙忙地赶往施公村氆氇合作社：“别人都在织了，我也得赶紧，多织几卷氆氇，今年得多近万元的收入呢！”

相关链接：山南地区出台文件规定，地县按不低于上年地方财政收入2.5%的比例安排扶贫开发资金，出台《山南地区2013—2015年扶贫工作推进细化方案》和《山南地区援藏资金支持扶贫开发项目实施方案》，平均每年从援藏资金中安排不少于1700万元的扶贫开发资金。同时整合各部门资金1000万元用于扶贫开发。

其实，在山南像施公村氆氇合作社一样通过扶贫项目带动的扶贫，真正让农牧民群众能靠一技之长致富，这种参与式扶贫也真正走进了群众的心坎、得到了群众的认可。

曲松县拉加里手工艺优先公司工人正在加工制作氆氇

截至目前，山南地区共落实扶贫开发资金 8.37 亿元，落实项目 985 个。共培育自治区级扶贫龙头企业 1 家、地区级扶贫龙头企业 2 家，建成各类专业合作组织 9 家，覆盖农牧民 9 千余户 3 万余人，户年均增收 1000 元以上。

通过实施扶贫开发项目，全地区农牧民人均纯收入 2300 元以下的贫困人口从 2010 年的 78983 人减少到 2013 年底的 32962 人，脱贫 46021 人。

用“菜园子”满足“菜篮子”

把农产品超市开到群众家门口，用“菜园子”来满足“菜篮子”。“放心菜、放心买”成了如今老百姓生活的另一个缩影。这个缩影，其实也是山南地区多举措保障群众生活水平举措的一个缩影。

2012 年，乃东县昌珠镇克松村无公害蔬菜基地与红艳超市双方签订了供销合同，通过蔬菜直销价格大幅下降，比西区农贸市场价格下降 30% ～ 35% 左右，对稳控蔬菜市场价格、改善供需关系等方面发挥着重要作用。实施“惠民直销店”和“农超对接”以后，直接降低流通成本 20% ～ 25%，农产品价格以低于市场的 10% ～ 20% 的价格向居民和消费者销售。

泽当市民在惠好超市农超对接蔬菜销售点购买蔬菜

为支持农牧民专业合作组织发展，推动农超对接、基地直销，确保菜价平稳运行，山南地区按照“合理布点，增加农牧民收入”的原则，鼓励蔬菜大棚户开办菜店，解决了居民买菜难、买菜贵的问题。

为确保让广大群众吃上“放心肉”，相关部门严把肉品质量安全管理关，要求屠宰企业建立健全检疫检验制度，肉品品质检验率达到 100% 方可上市销售，坚决杜绝加工病死猪、注水肉等违法行为。全地区生猪屠宰进点率 100%，生猪检验率 100%。

目前，全地区建设改造“万村千乡市场工程”农家店 878 家，新建配送中心 17 个，乡镇商贸中心 15 个，率先在全地区实现农家店覆盖所有乡镇和行政村，累计补贴资金共计 2000 余万元。农家小店里商品丰富物价稳了，民生质量高了。

物价牵动百姓的心。为了打赢稳物价、保民生这场民生攻坚战，山南地区各部门通力协作，对症下药，打出一系列“组合拳”，形成了平抑市场价格的强劲合力。

建立价格调节基金。在全区率先建立了“价格调节基金”，由地区财政每年安排预算资金 50 万元，作为“价格调节基金”。先后利用“价格调节基金”对牛羊肉等重要商品进行了价格补贴，补贴共计 53.23 万元。

充足储备生活必需品。2014 年，地区储备冻肉 123 吨、冻牛肉 150 吨、食盐 200 吨、边销茶 277 吨，保障市场供应，稳定市场物价。

泽当镇便民蔬菜直销车正在营业

认真落实自治区社会救助和保障标准与物价上涨挂钩的联动机制。2014年，山南地区对城乡低保对象、五保户、优抚对象发放“三大节日”一次性生活补助资金1492.68万元；落实自治区物价联动机制补贴309.3万元。

加强价格监测预警。对群众生活必需品（36个品种）重要商品价格进行监测上报，加强市场跟踪调查分析，准确判断粮食、食用油、蔬菜等重要商品的价格走势，确保价格异常波动第一时间发现，第一时间应对调控。

系牢安全生产“保险绳”

安全生产事关人民群众生命财产安全，事关党和政府形象声誉，事关改革发展稳定大局。山南地区从强化安全教育、安全作风转变入手，多管齐下排隐患，以实际行动系牢了安全生产的“保险绳”。

相关链接：2014年，山南地区把安全生产作为不可逾越的三条底线之一，出台了《山南地区坚守安全生产底线实施办法》，不仅明确了安全生产责任，而且对人、财、物等保障提出了明确要求，实现了党政同责全覆盖、一岗双责全覆盖、三个必须全覆盖、向组织部门报送安全生产情况全覆盖、企业主体责任全覆盖。

责任落实越来越实。按照“党政同责，一岗双责，齐抓共管”的总要求，全地区各级各部门切实摆正安全生产位置，严格落实属地管理、综合监管和行业监管三个责任。

山南地区安全执法人员在曲松矿区进行安全执法检查

安全氛围越来越浓。围绕每年重要时段和节点，认真开展安全生产“六进”和“安全生产山南行”活动，在不同领域广泛开展“开学安全第一课”、“安全进万家”、“百车大宣传”等活动，突出法律法规和安全知识的宣传，面对面向农牧民群众宣讲。

执法检查越来越细。针对安全生产工作重点和薄弱环节，采取过硬措施，确保执法检查实效。3 年内，以“打非治违”为主线，针对道路交通、非煤矿山、建筑施工、旅游、食品药品等重点领域开展持续性、全覆盖专项整治行动。

安全基础越来越牢。不断完善地、县两级安全监管机构，构建“四级五覆盖”格局，形成地、县、乡、村四级有效监管网络。稳步推进安全生产隐患排查治理标准化数字化体系建设试点工作。

责任追究越来越严。制定了《山南地区安全生产考核奖惩办法》，把安全生产考核评价作为全地区年底考评的重要内容，并列入综合考评、精神文件建设考评等，坚持“一票否决”制度和“重奖重罚”原则，对行动迟缓、措施不力、超出控制指标及发生较大以上事故的单位进行通报批评和处罚。

利寺惠僧知冷暖解需求

“最让我感受到党的恩情的，是我们不必再为生病住院的医药费发愁了。”提起自己享受到的“惠”，桑耶寺僧人洛桑克珠如同沐浴在午后温暖的阳光里。

其实，享受医疗保险优惠政策不过是山南地区惠寺惠僧举措之一而已。“六个一”、“九有”、“一覆盖”、“三保一低”、“五保”等，山南地区的利寺惠僧政策就是要知冷暖、解需求，真正让僧人们感受到党和政府的关怀与温暖。

僧人正在学习打字

抓实寺庙“九有”工程。实现了寺寺有国旗、舍舍有领袖像；积极开展文化进寺庙活动，建成寺庙文化书屋252个；为全地区各寺庙征订了总价值80万余元的报纸；为寺庙僧尼发放广播电视设备1835套，每月放映电影2场（次）以上。

抓实僧尼保障政策的落实。截至2015年3月，山南地区僧尼参加城镇居民医疗、养老保险总计 1588 人，参保率达到 100%，让广大僧尼切身享受到了改革发展带来的成果。

抓实寺庙温馨工程项目建设。实施全地区寺庙温馨工程项目建设，寺管会的澡堂、温室建设和配备食堂设备，2014 年实现全覆盖；“十二五”期间落实全地区 31 座寺庙维修项目，资金达 2500 万元；2014 年地县财政加大投入资金力度，对全地区 821 间僧舍进行的修缮，资金达 1642 万元。

贴近群众办实事解难事

贴近民生才能办实事，倾听民意才能解民难。全地区 554 个村居里，驻村干部的身影总是忙不停、脚步总是不停歇，他们扑下身、安下心、扎下根，把民情民意掌握在一线，把惠民政策落实在一线，以实际行动赢得了群众的衷心拥护和社会的普遍认同。

白仲村驻村工作队组织农牧民技能操作培训

曲松县驻贡麦村工作队积极争取扶贫开发项目，从隆子县采购价值 20 万元的优质奶牛 46 头，采取“借畜还畜”的模式，发放给村里 46 户困难户养殖，有效增强了贫困群众的自我发展能力。2012 年以来，全地区驻村工作队坚持从破解发展瓶颈入手，帮助村（居）加快推进兴村富民步伐，实施“短平快”项目 771 个，投入资金 2.4 亿多元。

驻娘索村工作队为村民新修的提灌站成功提水

桑日县驻次康村工作队针对该村群众饮水管道受损严重的问题，协调县水利部门进行实地勘测，寻找新的水源地，积极帮助群众解决吃水难问题；贡嘎县驻娘索村工作队为 3 户农户翻盖新房各解决自筹资金1万元……驻村工作队坚持把保障改善民生作为根本，把党和政府的关怀温暖送到了百姓心坎上。

林芝

小财政办出大民生

“现在的政策太好了，如果没有党委、政府的帮助，我们这些低收入困难家庭或许一辈子也住不起这么好的房子。”搬进米林县第一批廉租房的德吉卓玛按捺不住兴奋之情。

米林县廉租房

“以前生个小病也要走七八十公里到镇上才能看病。现在村卫生室条件好了，技术也好了，小病不用出村就可以看好。”米林县卧龙镇阿拉塘村的乔次仁感激地说到。

“以前只知道养儿才能防老。现在，政府给我们发养老金，让我们安度晚年，真是一件天大的喜事。”70岁的察隅县古玉乡古井村村民巴桑对政府大力实施的“新农保”赞不绝口。

话及民生，恰如一股春风，温暖地掠过百姓柴米油盐酱醋茶的生活。林芝市始终坚定地把保障和改善各族人民生活作为经济社会发展的首要目标，坚持小财政办大民生的理念不动摇，“民生”已经成为林芝经济社会发展中最为耀眼的亮点。

出好民生成绩单　解决民生担忧

“农牧民人均纯收入是全面小康指标中最实实在在、货真价实的。2014 年，林芝市农牧民人均纯收入达到 9582 元，同比增长 11.7%，继续走在了全区前列。”区党委常务副书记吴英杰，在参加自治区十届人大三次会议林芝代表团审议时说到。

民生工作无小事。林芝市始终把民生作为头等大事来抓，积极顺应人民群众对幸福生活的热切期盼，坚持办好民生领域十个方面的实事，其中既有居住、教育、医疗、社会救助等基本民生需求的内容，也有发展公共事业、公共文化等提高人民群众生活质量的内容，真正让各族群众从不同的方面感受到了重大民生事项上的新变化。

为确保民生工作不走偏路、少走弯路，力争用最少的钱办最多的事，林芝市提出了民生工作三步走思路：即在落实好区党委、政府提出的办好民生领域十个方面实事的基础上，第一步做好基础性民生工作，解决好群众衣食住行等基本生存问题；第二步做好发展性民生工作，让群众享有更好的发展机会；第三步做好保障性民生工作，建立健全各项规章制度，切实增强群众的幸福感。

三年来，林芝市加大民生投入，累计安排财政资金 48.94 亿元用于民生领域，年均增长 15.65% 以上，占同期财政支出的比例平均达到 32.5%。

一笔笔“真金白银”按时拨付，让一项项民生工程顺利实施，让一幅幅温暖的民生图景映照万家灯火，一份亮点纷呈的民生建设成绩单，也把群众的担忧一一化解。

层林掩映新村舍 新农村建设谱新章

一座座错落有致、风格各异的新村落，与周围青山绿水交相辉映、相得益彰，这是前往林芝路上的一道靓丽风景线。

实施安居工程后的林芝农牧民新居

林芝仲果村村民尼玛新建的安居房里，客厅正中央放着他和老母亲南噶、女儿群宗、孙女康卓在自家安居房前的合影。三年前，尼玛自己投资并利用政府提供的 2 万多元补贴和彩色屋顶材料建起了自己的安居房，如今一家 7 口住在这里。尼玛家还在林芝八一镇开了土特产商店，一年的收入有 10 多万元。尼玛说："我们一家人都很喜欢这个新房子，因为它很宽敞，以前房子低矮，住着不舒服。"尼玛朴实的话语里，是对安居房带来的住房条件改善的欣喜，是对幸福美好生活的渴望。

住房是群众安身立命之所，承载着每个家庭对美好生活的向往和期盼，只有住房问题解决了，群众生活才有奔头，对未来发展才有信心。

安居工程实施前后对比

察隅县察瓦龙乡地处滇藏交界，交通闭塞，山高路险。农牧民安居工程实施前，老百姓住在低矮的土坯房，牲畜和人混居，居住环境十分恶劣。如今的察瓦龙乡，家家户户都住上了宽敞明亮的砖瓦房，卫生间、厨房等设施一应俱全，乡长格桑次仁说："安居工程让老百姓都能住得安心、住得舒心。"

近年来，从实施农牧民安居工程，到解决城镇低收入家庭住房，再到建设干部职工周转房，以安居乐业为突破口的安居工程建设，如春风化雨，滋润着雪域江南，让无数林芝人"想有一个温暖的家"、"想有一个漂亮的家"的心愿变成了现实。

2012 年—2014 年，林芝市农牧民安居工程累计完成投资近 2.1 亿元，完成农牧民安居工程 9510 户，其中农房改造 5410 户，贫困户 2700 户，兴边富民 1400 户。通过实施农牧民安居工程，全地区 28946 户农牧民圆了"新房梦"。

2012—2014 年林芝市农牧民安居工程建设情况（单位：户）

县	巴宜区	米林县	工布江达县	波密县	朗县	察隅县	墨脱县
户数	995	1212	1497	1822	1428	1951	605
合计	9510						

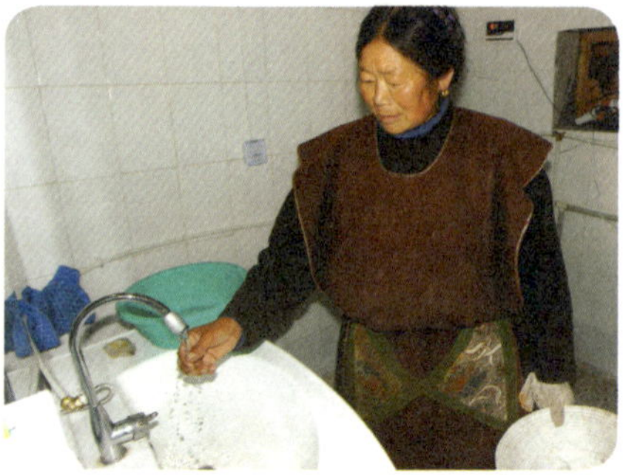
群众在自家用上了太阳能热水

给群众一个温暖的家其实只是林芝市“安居梦”的第一步，紧接着就是要实现各族群众“有一个漂亮的家”。

走进巴宜区林芝镇曲古村，家家户户都使用电器、液化气等清洁能源；全村100%农户用上自来水，村容村貌整洁优美；全村36户中，有26户已建有农村沼气池，曲古村变成了响当当的小康示范村。

“小康示范村建设既改变了广大农牧民群众生活方式，精神面貌也焕然一新。”村民佐罗深有感触。

供水入户，汩汩清泉涌入寻常百姓家；铺路筑桥，新农村插上腾飞的翅膀；户户通电，照亮农牧民群众的幸福生活；全通广电，欢声笑语响彻村户之间……近年来，林芝市累计投入资金近4.5亿元，完成人居环境建设和环境综合整治村342个，加快实施水、电、路、讯、邮政、农家书屋、广播电视、优美环境“八到农家”工程。截至2014年底，林芝乡镇公路通达率达到96.3%，行政村通达率达到95.7%，乡镇通邮率达到90%，农村饮水通水率达到100%，农村通电率达到100%。

病有所医　农牧民两级医疗费全免

“多亏了政府开展的这次免费体检，我才知道自己有‘三高’（血压、血糖、血脂）啦！而且还有脂肪肝，看样子以后要少吃肉少喝酒喽！”通过免费体检查出了身体毛病，村民巴桑对自己的饮食和生活习惯有了新规划：以后肯定得少吃肉、不喝酒。

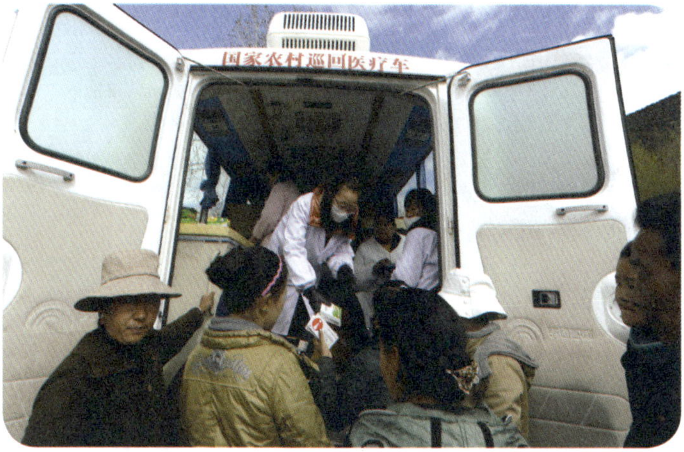

巴宜区八一镇巴吉村群众免费领取药品

林芝市始终把实施农牧区免费体检工程作为“十项民生工程”之一加以实施，摸清了广大农牧民群众和僧尼疾病谱分布状况，建立完善健康档案，提升改进了基本医疗和公共卫生服务能力。

改善医疗卫生基础设施是解决看病难、就医难问题的基础性工作，三年来林芝市共落实投资近 2 亿元，启动了地区人民医院改扩建、地区藏医院改扩建、米林、工布江达、察隅、墨脱四县卫生服务中心标准化建设、乡镇卫生院标准化建设及村级卫生室建设等大小各类项目 17 个。

2014 年 9 月，家住百巴镇的索朗旺青突然发热、咳嗽、咳痰，家人将他送至镇卫生院检查，确诊为肺炎，卫生院医生建议他到林芝县人民医院进行进一步治疗。平生第一次看“大病”的他，有些惴惴不安：“这费用会不会很高？能不能负担？”村干部告诉他，只要带上身份证去医院挂号，就可以享受医疗费用全免的好政策。

“一分钱都不用交就可以治病，这是天上掉馅饼的大好事。”

已经治愈出院的索朗旺青对这项政策竖起了大拇指。这便是巴宜区在全区范围内推行的“农牧民县乡两级医疗费用全免”政策。

为了让农牧民群众能放心看病、安心看病，林芝市将农牧民免费医疗经费标准提高至人均420元，试行林芝籍户口并参加新型农村合作医疗的农牧民在县（区）、乡两级医疗机构就医费用全免政策，对住院患者的医疗费用实行即时结报制，彻底解决林芝市农牧民看病难、看病贵问题。

巴宜区八一镇工作人员为农牧民发放医药费补贴

截至2014年底，林芝全市以家庭账户、大病统筹和医疗救助相结合的农牧区医疗制度覆盖度达100%；全市参加人数达133626人，财政资金到位率达100%；农牧区医疗制度个人筹资率达98.2%。

老有所依 享受政府养老带来的惊喜

“以前只知道养儿防老，现在政府给我们发养老金，让我们安度晚年，真是一件天大的喜事。”察隅县古玉乡古井村 70 岁村民巴桑高兴地说。

截至 2014 年底，林芝市共有 81573 人参加新型农村社会养老保险，参保率达 98%，累计发放养老金 1800 万元，发放率达 100%。

现年 68 岁的次仁顿珠是布久乡简切村的离任村支部书记，他从 1965 年至 2005 年间一直担任简切村的党支部书记。离任后，家中大儿子分家出去，次仁顿珠早已丧失了劳动能力，家中还有小女儿需要抚养，生活十分困难。“现在我每个月可以领到 600 元的退休补助，党和国家还记得我们这些老干部！”次仁顿珠喜不自禁。

“最明显的是，去年全村仅有 6 名党员，今年全村有 20 名村民自愿入党，农村党员队伍一下子壮大起来。这些党员大多都是在村干部的鼓舞下才入的党”，现任简切村村委会主任次旦兴奋地介绍起这项政策的好处。

工布江达县新型农村社会养老保险金首发仪式启动

不仅是离任村干部，五保户的冷暖也牵动着林芝市委、政府的心。巴宜区低保户白玛旺姆有六个女儿需要抚养，最大的15岁，最小的仅1岁。2007年白玛旺姆因为意外而丧失了劳动能力，家里完全没有收入。当林芝市提出低保户每人每年补贴金增加为1000元后，白玛旺姆一家一年就多了8000元钱，极大地缓解了家里的困难："这笔钱真的是雪中送炭！"白玛旺姆喜极而泣。

为解决全市814名五保户群众供养问题，确保其老有所依、老有所养，充分感受到党和政府的温暖，林芝市立足地区实际，投入资金2430万元，新建市老年人护理院，同时在七县区建设五保集中供养中心和老年人护理院。各服务中心建有居住用房、生活用房、医疗保健用房、食堂、连廊，起居室配电视等现代化设施和独立卫生间，极大地方便了入住人员的生活起居。

截至2014年底，林芝市投资9747.6万元完成了巴宜区、米林县、工布江达县、波密县、察隅县五保集中供养中心和老年护理院建设项目，对604名五保户群众进行了集中供养，供养率达74.2%。

重教春风拂　书香伴成长

"是三包政策让我圆了上学梦，我要用所学的知识回报家乡，建设家乡。"来自米林县南伊珞巴民族乡的娅米作为"三包"政策的受益者真诚地说到。

教育是民族振兴的基石，也是百姓关注的焦点和热点。近年来，林芝市始终坚持把教育放在优先发展的战略地位，重点开展多项工作，着力推动教育公平发展。

学生在宽敞明亮的教室内上课

严格执行“三包经费、营养改善计划”相关使用管理规定，2014 年秋季，林芝市“三包经费”由每生每学年 2400 元（边境县每生每学年 2600 元）提高到了每生每学年 2600 元（边境县每生每学年 2800 元）。截至 2014 年底，全市享受国家“三包”经费政策共计 31949 人，经费 10501.34 万元，支付率 100%；共发放“营养餐”经费 1339.45 万元。“三包”和“营养餐”经费的发放，让更多贫困家庭学生上学不再困难，不仅“吃得饱”而且“吃得好”，极大地调动了广大农牧民送子女上学的积极性。

针对学前教育“入园难”问题，投资近 1.5 亿元新建续建 60 所农牧区幼儿园，新建 4 所城镇幼儿园，城镇学前三年平均入园率达到 95%。

截至 2014 年底，林芝市义务教育阶段在校生共 32077 人，其中幼儿园 6543 人；小学阶段 17559 人，小学入学率 99.8%，巩固率 100%；中学阶段 7975 人，中学毛入学率 98.77%，巩固率达 99%，“两基”成果得到进一步巩固发展。

在就业上拓渠道促增收

家住朗县的白玛央金老人近日心里终于放下了一块大石头：她的孙子在大学毕业后通过公务员考试正式上班了。为此，白玛央金还吩咐儿媳多做几道菜全家人一起庆贺：“多亏了党的好政策啊！”白玛央金高兴地说。

为更好地解决城镇家庭困难人员和新增零就业家庭人员就业，实现应、往届高校毕业生就业，林芝市持续加大公共投入，采取完善就业机制、鼓励自主创业、增强技能培训、动态消除零就业家庭等措施，保障了各族劳动者公平就业和自主择业的权利。

农牧民群众认真听取农牧科技人员讲解种植技术

2012 年—2014 年，林芝市累计开发就业岗位 7197 个，实现就业再就业 6390 人，举办 8 场大中型人力资源洽谈会，提供就业岗位 3284 个，最终实现 1431 人就业，基本实现了应届大学毕业生全部就业，往届大学毕业生基本就业的目标。

同时，扎实开展农牧民技能免费培训。波密县麦差村的白宗拉姆就是受益者之一，2014 年她参加了藏式烹饪的技能培训，如今已经在波密县城开起了藏餐馆。三年来，林芝市累计实现农牧民转移就业 6 万余人次，开展农牧民就业再就业培训班 214 期，培训人数近 2 万人，培训就业率达到 79.8%。

不仅如此，林芝市立足产业建设，充分发挥特色农牧业、生态旅游业等四大特色优势产业和文化产业的带动作用，积极鼓励支持农牧民群众参与产业建设、受惠产业建设，真正使农牧民群众成为产业建设的主力军和最终收益者。

群众推销旅游用品

13 年前，巴宜区开始筹办“桃花文化旅游节”，消息传到次仁耳朵里时，他觉得这难以置信：“几棵开花的树就能让我们致富？”如今，一年一度的桃花节已经成为嘎拉村里最大的盛事。每到 3 月，每家每户都会提前准备好地道的藏家美食、精美的工布服饰，迎接来自四面八方的游客。

“现在，我们每年光依靠旅游就有好几万元的收入。过去这漫山遍野的桃树在村民眼里也只不过是普通的木材。谁也没有想到如今这桃树竟变成了致富的法宝。” 尝到了“桃花节”带来的致富甜头，次仁的观念算是彻底转了过来。

2014 年，林芝地区农牧民群众人均纯收入达到 9904 元，同比增长 15.2%，连续 11 年保持两位数增长，继续保持了全国第一的佳绩。其中，财产性收入 274 元，占比 2.8%；转移性收入 1563 元、占比 15.8%；工资性收入 1108 元、占比 11.2%；经营性收入 6959 元、占比 70.2%。

文化发展结硕果　花满枝头共繁荣

波密县古乡古村有这样一个民间艺术团，在“80 后”德吉央宗的组织下成立于 2008 年 10 月，团员们都是村里普通的农牧民群众，年纪最大的今年已经 63 岁了。扎西古措民间艺术团的群众利用晚上时间排练舞蹈，经常深入部队、学校、田间，给各族群众表演，还曾赴广州参加亚运会的四场艺术文化活动，在全国各地已小有名气。

德吉央宗是波密县古乡古村的一名大学生村官，看到村里的群众特别爱好唱歌跳舞，就想在村里成立一个民间艺术团，满足群众精神文化需求。多年来，扎西古措民间艺术团至少编排了 20 多支富有藏族特色的舞蹈，其中不乏国家级和县级“非遗”舞种。舞蹈团成员江措兴奋地说：“我非常喜欢跳舞，不仅能够满足兴趣，自娱自乐，还能为家庭增收，现在平均每月能够增加收入 1 千元左右。”

在波密县扎木镇巴琼村说起嘎松罗布，村里人都会竖起大拇指称他为“能人”。他先后荣获“自治区科技致富带头人”、“波密县优秀青年”、“全国优秀图书馆管理员”等荣誉称号。学生时期的嘎松罗布因为经济原因没能完成学业，辍学后成为巴琼村农家书屋的管理员，没曾想农家书屋里大量的图书却让嘎松罗布如鱼得水，在这里他重圆了知识梦，也运用这些知识带领村里人走上了致富的道路。

群众在调试广播电视接收设备

嘎松罗布成才历程正是林芝市加大公共文化服务体系建设的一个缩影。

近年来，林芝市扎实推进国家公共文化服务体系示范区创建活动，认真实施五大文化惠民工程，将文化资源向农村和基层倾斜，逐步建立健全市、县、乡、村四级公共文化服务体系，实现了市有图书馆、群艺馆、博物馆，各县有综合文化活动中心，各乡镇有综合文化站的目标，成为全区首个乡镇文化站全覆盖的地区。

一场场免费放映的农村电影，让高雅的电影艺术走进百姓生活；一间间农家书屋，让农民“放下锄头拿起书，不玩骰子学知识”；一台台群众文艺演出，点燃了城乡人民的文化热情……文化发展结出了磊磊硕果，如百花齐放般繁华。

巴宜区扎西岗村电影放映员为群众播放数字电影

常态化驻村　方能对症下药

波密县一位孤寡老阿妈提起驻村工作队，眼里总会流出幸福的泪花“驻村工作队来了后，就像我的儿子还在一样，把我当家人，什么难事、小事都费心地帮我办。”

三年来，林芝市一直把开展好创先争优强基惠民活动作为一项重要的政治任务抓紧抓好，让农牧民群众不仅钱袋子鼓起来，对党、对社会主义也更加信任和忠诚。

三年来，各级驻村（居）工作队累计发展集体经济实体 546 个，经济合作组织 413 个；争取自治区短平快项目资金 13561.5 万元，实施项目337个，市财政配套资金4250万元，安排项目159个，实现了496个村（居）短平快项目全覆盖；争取行业投资25154万，实施项目1045个；开展农牧民技能技术培训1200余场次，培训农牧民6000余人次，实现劳动力转移就业2.23万人次，增加现金收入5000万元。

通过常态化驻村工作，让干部了解到老百姓心里面想的是什么，要的是什么，帮助他们及时转变工作思路，确保制定的措施能够“投其所好”、对症下药。

健全社会保障体系　免除后顾之忧

近年来，林芝市积极稳妥推进社会保障事业，严格落实关系群众切身利益的社会保障政策。“前几年遇到几次拖欠农民工工资的事情，都没能够妥善解决，这次终于把欠我们的工资给完了，感谢国家的政策，谢谢你们的帮助。”青海省来藏务工人员刘海峰感激地说。

农牧民群众在翻看《西藏自治区农牧民享受财政补助优惠政策明白卡》

林芝市始终以保障农牧民工权益为出发点和落脚点，认真落实建筑领域民工工资保证金制度，开展劳动用工专项检查、深入工地送温暖行动，稳步促进社会和谐。截至2014年底，共征缴保证金10973.55万元，在全地区范围内开展劳动用工专项检查16次，检查用工企业9432家，督查农牧民工签订劳动合同2700余份。

确保农民工能顺利拿到工资，更要能确保国家各项惠农补贴款全额发放到群众手中，这样才能赢得群众的信任。2012年以来，林芝市涉及强农惠农富农政策的资金累计达82项17.14亿元。为强化惠农资金全过程监管，防止挤占挪用和跑、冒、滴、漏现象发生，确保惠农补贴资金及时、足额、安全发放到农牧民手中，林芝市面向广大农牧民群众累计发放强农惠农富农明白卡7.5万册，创建惠农资金支付监管平台。截至2015年3月，已通过此平台发放强农惠农资金1200余万元。

加大扶贫补差距 群众生活有盼头

欠发达仍然是林芝最基本的市情，也是最大的民生短板。林芝市始终将扶贫攻坚视为民生之重，坚持精准扶贫和区域扶贫攻坚相结合，向“绝对贫困”发起总攻，于2014年提前完成了2300元以下建档立卡低收入人口的脱贫任务。

米林县农牧民在收获温室大棚基地种植的西瓜

2015 年 2 月 3 日，位于巴宜区更章乡久巴村草莓种植现场一片繁忙的景色。久巴村村民在村主任多布杰的带领下，拓宽致富渠道、发展设施农业、开展水果大棚（草莓）种植。

“发展水果大棚种植，一开始心里也没底，但通过几年的努力，我们克服了高原水果种植的种种困难，确确实实得到了非常好的效益。县委、县政府和县扶贫办在我村发展思路、种植技术、资金投入等方面都给予了大力的支持，2014 年仅草莓种植，全村每户纯收入达 18000 元左右呢。”村主任多布杰一边忙碌一边开心地说。

近年来，林芝市坚持项目跟着规划走、资金跟着项目走、管理跟着创新走，提高项目实施效益，确保产业扶贫项目成为民心工程和富民工程。三年来，共争取扶贫项目 548 个、资金达 43719 万元，项目实施涉及 7 县 54 乡镇 489 个村，贫困户直接受益 16756 户 66532 人，进一步扩宽了致富渠道，增加了群众收入。

林芝市还结合产业建设发展实际，积极开展片区内贫困农户技能培训，通过算账对比、现场观摩、现身说法等形式，让周边群众看到实实在在的效益；发挥先进典型示范带动作用，创新农村“科技带头人”带动扶贫开发模式，提高贫困户的生产生活技能；把小生产和大市场对接起来，引导农牧民走集约化、专业化生产之路，确保实现农村经济全面发展和贫困户脱贫致富。

藏香猪养殖产业被西藏自治区列入重点建设的特色产业项目加快发展。派镇派村，已有 8 户农牧民在当地政府的扶持下，尝到了养殖藏香猪的甜头。

工布江达县错高乡藏猪繁育场

波密县农牧民正在晾晒人工种植的天麻

“短短 3 年的时间，我陆陆续续卖出的藏香猪就达 70 多头，除去成本，净赚了近 10 万元呢。”布琼高兴得合不拢嘴，指着一群猪仔说，“藏香猪现在就是我们的‘摇钱树’，我们脱贫致富靠的就是养殖它们。”

近年来，林芝市还大力推行精准化扶贫，采取到村、到户的方式，让贫困群众的生活有了更多盼头。波密县根据资源条件和市场需求，仅 2014 年就先后投资 482 万元在玉许、八盖等乡镇发展天麻种植 1.5 万平方米，使更多的人实现了脱贫致富。波密县通参村支部书记白朗看着村里的项目实施得越来越好，村民收入越来越高，激动地说：“精准扶贫项目，扶贫对象明确，扶贫力度巨大，我们村的贫困户真的可以实现小康了，感谢党和国家的好政策给我们带来了实惠。”

筑牢安全红线 兜住民生根基

“现在去餐馆吃饭，我都要先看看店里有没有笑脸。”家住八一镇的务工人员刘志光说到。“笑脸”与否对应的是餐馆、饭馆卫生状况的优差，而刘志光这一鉴别方法则来自日常他接受到的宣传。

近年来，林芝市始终牢固树立安全发展理念，牢牢绷紧安全生产这根弦，建立健全、严格落实安全生产责任体系，牢固树立安全监管工作“红线”意识和“底线”思维，充分发挥安全生产监管工作对实现和维护群众利益的保驾护航作用。

林芝市地处喜马拉雅地震带

林芝市处在喜马拉雅地震带，地震发生率较高。同时，受季风气候影响，林芝市降雨较为集中，每年5至9月雨量偏大，加之自然环境相对复杂、生态环境比较脆弱，容易导致泥石流、塌方等地质灾害。为此，林芝市始终坚持“预防为主，防治结合”的主旋律，既做到居安思危、防患于未然，又懂得亡羊补牢、救助于及时，建立自然灾害监测预警体系，初步形成覆盖全地区的气象、地震、水文、地质、环境等自然灾害监测体系和自然灾害预警预报体系。

目前，全市储备棉衣裤 15820 套，砖茶 2269 条，军用被（褥）36993 床，军用鞋 16639 双，军大衣 11570 件，帐篷 8641 顶，雨衣 6500 件，雨鞋 6500 双，发电机 107 台，应急电筒 3954 支，防雨布 1000 包，铁锹 2000 把，急救包 1800 个，行军床 2480 张，胶鞋 5020 双。

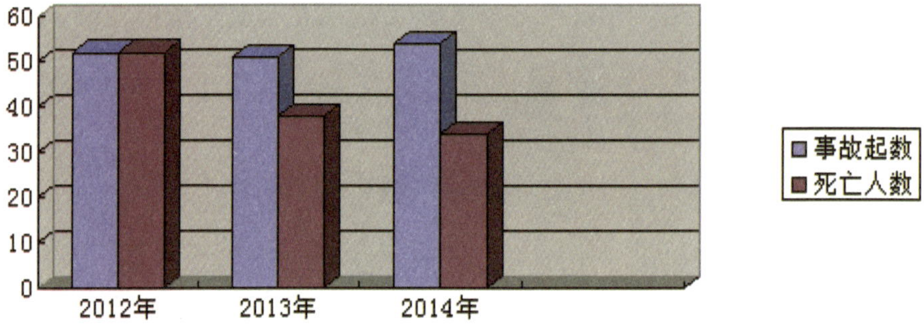

在做好安全生产的同时，注重加强社会治安综合治理，让老百姓切实感到安全保障无处不在。现在，全市 54 个便民警务站分布八一城区和各县街头，民警们日夜奋战在创建和谐稳定环境的第一线，全天 24 小时为广大市民“看好家、护好院”，为广大市民创造一个良好的社会治安环境，努力为广大市民提供优质、高效的服务，打造便民服务、维护稳定、构建和谐的良好平台。

保障僧尼权益　实现民生普惠

广大驻寺干部把僧尼当兄弟姐妹，带着亲情、带着感情、带着关爱、带着真诚，帮助僧尼解决修行、学习、生活和家庭中的实际问题，经常听取僧尼的意见建议，了解真实情况，发现问题、解决问题，做到了以心换心、以诚感人。

现在，按照僧尼自己说的话就是“可以一心一意念经了，以后的日子就不用操心了”。而这只是林芝市保障广大僧尼权益的冰山一角而已。

米林县羌纳寺管委会向僧尼发放慰问品

在“六个一”活动中，林芝市驻寺干部定期不定期到僧尼家中开展家访 1812 人次，投入办实事好事资金 300 余万元，为贫困僧尼家庭办实事 620 余件。

在推进“九有”工程中，全市投资 1.54 亿元解决寺庙通路问题；投资 4400 万元解决寺庙饮水问题，74 座有僧尼的寺庙通水率达 100%；通过电网线路改造和配发光伏用电系统等方式，使寺庙通电率达 100%。寺庙通讯率、通广播电视率均达到 100%。

林芝市还结合实际，由本级财政安排 1000 万专项资金实施“九＋六”工程（在“九有”基础上，在有条件的寺庙修建澡堂、温室大棚、国旗台、图书阅览室、固定垃圾池、厕所），得到了广大僧尼和社会各界的支持和拥护，使广大僧尼切身感受到党和政府的关怀和温暖。

全面落实“一个覆盖”，把全市在编僧尼全部纳入社会保障体系，实现了在编僧尼医疗保险、养老保险、低保、人身意外伤害保险全覆盖。同时，每年免费为在编僧尼进行健康体检。积极开展和谐模范寺庙暨爱国守法先进僧尼创建评选活动，充分调动广大僧尼爱国守法的积极性。

昌都

甘霖润三江　幸福暖民心

过去的昌都市区用“晴天一身灰，雨天一身泥”来表述一点都不为过。但那也只适合过去。现在的昌都市区旧城换新颜，幸福飞上了老百姓的眉梢、眼角。

陈林向巴家住在昌都城关镇齐齿街，以前一家三口住在60多平方米的土木结构的房屋内，家里没有劳动力只有靠着政府的补贴生活。陈林向巴说：“如果不是这次旧城改造，我们家很难住进条件便利的新房子”，他高兴地说，“有了新房子，感觉整个生活都是崭新的开始”。

建设中的昌都新城

像陈林向巴家这样的幸福，恰好也就印证了昌都市委、市政府在几年前对民生的承诺：“我们要把保障和改善民生作为一切工作的出发点和落脚点，大力实施民生改善行动，让全市76万各族人民的日子越过越好，幸福指数越来越高。”

一项项与群众利益息息相关的民生行动，像阵阵甘霖普降三江大地，滋润温暖着广大农牧民群众，让幸福不断延伸。

医疗全覆盖：巡诊救助解民愁

“市里的医生又来了！”2015 年 1 月 25 日昌都市巡诊义诊工作队一抵达边坝县热玉乡，就受到农牧民朴实而真挚的热烈欢迎。

53 岁的村民四郎群措是村民里第一个排上队的。因为孩子感冒了，天天咳嗽，流鼻涕，也舍不得去医院看看。听说上面来专家免费检查治疗，他一早就赶到乡政府大院：“米巴，小孩病得让大人心疼，可怎么办哪！”

医务人员一边检查一边询问，查出病症后给孩子开了几盒药：“回家按时吃药，病很快就好了！”听见医生的肯定诊断，四郎群措那个开心哟：“专家问得仔细，说的症状我小孩身上都有，开药还不花钱，这样的好事儿真没想到。”给四郎群措的孩子开完药，后面的病号早已排了一长串。

在卡若区如意乡开展居民健康体检

党的群众路线教育实践活动开展以来，市卫生局（计生委）组织市直各医疗卫生单位和 11 县卫生机构深入偏远乡村开展巡回医疗。截至 2015 年 6 月，共开展巡回医疗 58 次，为农牧民群众义诊 14100 人次，系统体检、治疗 11800 人次，接受计生服务群众 526 人次，发放免费医疗药品价值达 35.8 万余元，免费为 34 名患者实施了阑尾、包块囊肿等 6 种外科手术，为 98 名白内障患者实施复明手术。

在察雅县巴日乡白娘村开展巡回医疗

除了这样的免费巡诊进农家牧户，昌都市的医疗救助也真正解了民愁。

“医疗救助政策就是好，现在生病不再担心费用问题”，昌都市顺康客运公司的职工登珠达吉因患糖尿病导致尿毒症，本来还在为好几万的医疗费用发愁，没想到他还可以申请民政部门的救助金。

“听工作人员给我说，后续产生的医疗费用还可以申请救助，我现在真的是可以放心地治病了！”登珠达吉喜出望外地说。

为解决城乡居民医疗费用支出过大造成家庭生活困难的问题，昌都市不断简化医疗救助程序，降低救助门槛，提高救助标准，增加救助病种，全面建立“资助参合（参保）、门诊救助、大病救助、临时救助”相结合的“四位一体”的城乡医疗救助模式，重点把因特殊慢性病需长期门诊治疗的人员和城乡低保、五保户的门诊纳入救助范围，将救助标准从原有的 3 万元提高到 6 万元，实现了城乡困难群众医疗救助全覆盖。

2013 年—2015 年 6 月，昌都市先后救助困难群众 25043 人次，落实医疗救助资金 7235.02 万元。

保出新希望：低保使孤寡生活有保障

“天大地大，比不上党的恩情大；爹亲娘亲，比不上党对人民亲。”这是卡若区卡若镇居民向巴在领到农村居民最低生活保障金后发出的肺腑之言。他激动地说，今后要不断努力学习新的农业科学技术，争取早日脱贫致富，把国家的救助资金留给更需要帮助的人。昌都市各级民政部门最低生活保障原则宗旨真正保出了困难群众的希望和幸福。

昌都市实施最低生活保障制度以来，城乡最低生活保障范围逐步扩大，保障标准逐年提高，先后 4 次根据居民基本生活费用价格指数变动情况，调整城乡低保标准。城市低保标准由 2013 年的 440 元 / 人 / 月提高到 540 元 / 人 / 月；农村低保标准从 1750 元 / 人 / 年提高到 2350 元 / 人 / 年，三年共落实城乡低保资金 33578.03 万元。

2013 年—2015 年上半年昌都市低保资金落实情况

（单位：万元）

内容	2013 年	2014 年	2015 年	合计
城市低保	2535.38	3321.78	2132.65	7989.81
农村低保	7440.31	9158.42	5394.45	21993.18
价格联动补贴	969.13	755.64	0	1724.77
小计	10944.82	13235.84	7527.10	31707.76

贡觉县哈加乡发放 2014 年上半年农村低保资金

“学有所教，劳有所得，病有所医，老有所养，住有所居”是每一个昌都人幸福生活的指标。昌都市 2012 年完成投资 40.4 亿元，实施各类民生项目 649 个；2013 年完成投资 58.04 亿元，实施各类民生项目 705 个；2014 年计划投入 85.5 亿元，截至目前完成投资 51.25 亿元，实施各类民生项目 931 个。

在这些民生项目中，关注儿童教育问题占了很大比重。自实施“十二项民生工程”以来，昌都市新建 120 所乡镇小学附属幼儿园、市爱心幼儿园，130 所幼小一体化学校以及昌都市第四高中；

对167所小学和15所初级中学进行了改扩建，共落实“三包”及助学经费5.8亿元。启动实施了卡若、丁青等11县区五保集中供养和昌都市第一儿童福利院项目建设，转移收养孤儿700人。

抓思想源头：固本浚流发展教育

十年树木，百年树人。教育的发展水平体现了一个地区的发展后劲，决定着发展未来。“三年大打教育翻身仗”，这是昌都市审时度势、高度重视教育事业发展提出的目标。

崭新的塑胶跑道，窗明几净的教室，整齐划一的学生宿舍楼，现代化多媒体教学……走进昌都市八宿小学，你会被这所高原大山中的学校所吸引，与它一墙之隔的便是八宿中学。

八宿县教育局局长顿邓从事教育工作几十年，从普通的基层老师、小学校长到如今，一路走来，他对这里的学生、老师和学校了如指掌，说到这些年来八宿的教育，顿邓用一个词形容道：今非昔比。

环境优美的八宿县中学

相关链接：1951 年 1 月 20 日，昌都市实验小学前身昌都中学成立，标志着西藏现代教育的开始。60 多年来，昌都市实验小学共毕业小学生 57 届 1 万余人。其中既有高、中级领导干部，也有各行各业专业技术人才；既有行业精英，又有普通建设者；既有工作在内地的，又有扎根西藏的。他们为西藏乃至全国的现代化建设事业发挥了重要作用。学校先后荣获“全国民族团结先进学校”等 20 余项国家级荣誉称号，被誉为“雪域高原第一个人才摇篮”。

“八宿县中学是 1978 年创建的，当时只有不到 100 个学生，只开设了汉语、藏语、数学、体育、音乐和思想六门课程，而且校舍还是土房子，条件艰苦不说，仅有的几名代课老师水平也很有限，其中有些人甚至只会听说藏语，读写都成问题，教学质量可想而知。生源、师资、办学条件，处处都是问题。”回忆起最初创办学校时的情景，顿邓不由感叹道。

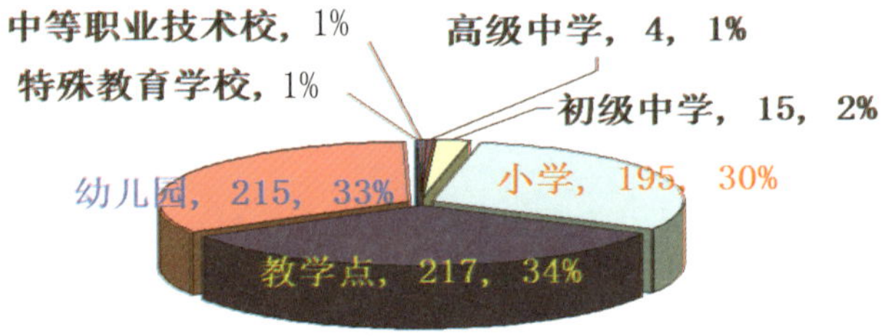

2014 年昌都市各级各类教育学校构成图

以“升学有基础，就业有技能，回家能致富”为办学宗旨，八宿县还积极开办了驾驶技术培训、摩托车修理、卡垫编织、缝纫、绘画、兽医 6 个职教专业，确保学生学到文化知识的同时掌握一门实用技术。

相关链接：为改变基层学校招生难、巩固难问题，从2006年开始，昌都市第二高级中学举办边远班。2009年，卡若区二中招收惠民班学生。通过举办边远班和惠民班，基层乡镇农牧民送子女上学积极性明显提高，学校办学成绩也带动了全市基础教育水平整体提高。

其实，和八宿县的实用理论一样，有“一技之长”的职业教育近年来很受学生和家长的追捧，因为还没毕业就有单位前来签约预定，职校学生自豪地喊出了口号：咱不差工作！

唐卡绘画班

木工学习班

昌都市、县两级政府“十二五”期间地方财政配套教育资金做到逐年增长，2014年配套22%、达到2.19亿元，比2012年增长76.92%，让昌都各类学校面貌发生了翻天覆地变化。与此同时，“三包”政策已连续十多次提高标准，2014年，达到年生均2800元，总经费达到2.94亿元，受惠在校生10万余人，占在校生的94.26%，涵盖学前到高中15年教育。

相关链接：三年来，昌都市电化教育投入近3000万元，重点实施了“三通两平台”、教学点数字资源全覆盖等项目，基本满足了基层乡镇学校教师运用信息化手段开展课堂教学的需要。

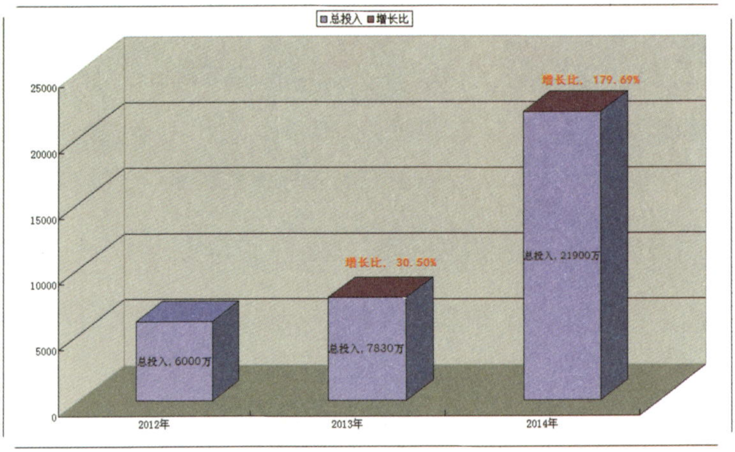

2012 年至 2014 年昌都市教育投入增长图

资金往教育倾斜，政策往教育优惠，其所带来的变化老百姓看在眼里，不由地竖起了大拇指：“这些年来国家教育政策越来越好，小孩在学校比家里还吃得好、住得好，我们都乐意把小孩送到学校，感谢党、感谢政府！”

“暖”出新生活：着力解决吃水难问题

“以前，家里的水是浑的，不能直接饮用，自从自来水厂正式供水起，干净的自来水可以让我们放心地饮用了，这可是家里今年最大的喜事。”家住卡若区嘎东街社区嘎东路的泽嘎扎西一家感叹道。卡若镇自来水厂供水项目的开通，他们全家人不需要再喝山上引下来的地表水了。

同样有大喜事的是卡若区拉多乡瓦世卡村。2014 年的藏历年，该村村长益西多吉特意带领村民们给每家每户的保温桶献上了哈达："今年的藏历新年过的格外喜庆，有了钢制保温桶我们村的自来水冬天再冷也不会被冻住了，也不用在过年期间像往年一样去背水了！"

瓦世卡村海拔近 4100 米，以往一到冬天家里自来水水管就被冻住，村民不得不一趟趟背水吃，这自来水成了摆设、村民心里更不痛快。

相关链接："暖两头、深中间、保畅通"：取水口采用截潜流积水廊道式取水方式，取水设施均在水面以下，管道埋深不低于 1.5 米，入户端保温桶采用新型钢制保温桶。

一处处饮水安全工程，在为百姓提供清洁用水的同时，映照着党对农牧民群众的恩情。截至 2015 年 6 月，昌都农村饮水安全工程累计投资达 7.86 亿元，其中：国家投资 6.085 亿元，共建农村饮水工程 4052 处，有效解决了 11 县 138 个乡镇 1142 个行政村（居委会）3865 个自然村、357 座寺庙，665941 人次和 350 多万头（只、匹）牲畜的饮水安全问题，取得了丰硕的成果。

村民从安在自家门口的钢制保温桶上取水

享受新视觉：有线数字电视进寻常百姓家

“来，来，到我们家坐坐，看看咱家新装的数字电视。”在卡若区城关镇幸福社区，热情的拥宗总会这样招呼着左邻右舍。

拥宗激动地说，昌都市有线数字电视开通后，她就通过多方打听，知道有线数字电视收费低而且还能看到很多频道时，自己就迫不及待地安装了。现在她每天回家的第一件事就是打开电视看看新闻，了解党的新政策，看看在内地上学孩子所在城市的天气和趣事等。“感觉这样和孩子就更近一些，和孩子通话时交流的话题也更多了。”谈到这些时，她的脸上总是抑制不住幸福的笑容。

2010 年 8 月，昌都市数字电视工程正式启动，成为全区第二个开通数字电视的市（区），实现了模拟信号向数字信号转变的质的飞跃，电视节目套数由 46 套提升到 116 套，图像更清晰，画面更流畅，同时传输 9 套广播节目。

相关链接：安装有线数字电视，昌都市广电局采取五种优惠活动方式：机顶盒以成本价每部 335 元出售给用户，用户按月缴纳收视费；用户缴纳一年（公共基本节目和付费节目）收视费，免费安装机顶盒 1 部；用户缴纳两年（公共基本节目）收视费，免费安装机顶盒 1 部；用户缴纳机顶盒成本价 335 元作为押金，收视费按月或年缴纳；如满三年，机顶盒免费赠送。

截至 2014 年 10 月，昌都市所有县城数字广播电视全部竣工。目前，昌都市共发展市县有线数字电视 2.6 万多户，其中贡觉、芒康两县县城均已实现有线电视全覆盖，其余 8 县均发展有线电视用户 600 户以上。

昌都市数字广播电视机房

共享改革成果：老有所养难有所解

2014 年 10 月，江达县斯佐钦寺僧人其美郎加忙于搬进刚维修好的僧舍，从此“屋外大雨、屋里小雨”的僧舍历史一去不复返，干净整洁舒适的居住环境，给其美郎加营造了一个安定的修行环境。

除此之外，其美郎加还参加了城镇居民社会养老保险，享受到了每年免费健康体检、门诊就医等社会福利。

从其美郎加身上，我们见证了社会主义制度下僧人病有所医、老有所养、难有所解的幸福生活。而他只是昌都市众多僧尼中普通的一员，是昌都各级寺庙持证僧尼生活的一个缩影。

截至 2015 年 6 月，昌都市 516 座藏传佛教寺庙实现了领袖像、国旗、报纸、文化书屋、广播电视、电影、安全用水全覆盖，474 座寺庙通路，225 座寺庙通电，为 291 座未通电寺庙解决了临时用电问题，在编僧尼参加城镇医疗保险 12405 人、参加社会养老保险 10567 人，符合政策条件享受最低生活保障的 4099 人。

强巴林寺僧人给领袖像献上洁白的哈达

同圆致富梦：顺利就业快乐工作

昌都市从2012年开始组织实施十二项民生工程中的“乐业工程”：扩大就业规模。

“乐业工程”从实施之初就定下了这样的目标：确保昌都籍大学毕业生全部实现就业，选择部分优秀高中、初中生实现就业，动态消除零就业家庭；逐步实现每一个农牧民家庭有一人稳定就业。三年过去了，“乐业工程”究竟有没有实现当初的目标，让年轻人顺利就业、快乐工作呢？也许，从康巴小伙向巴江措现在的生活里就可以找到答案。

在人来人往的阳光百货超市里，远远就能看到一位正在给顾客结账的帅气康巴小伙，他就是向巴江措。自从参加农牧民军旅式技能培训后，向巴江措就通过市人力资源和社会保障局协调的开发岗位实现了就业，在阳光百货从事收银员工作。

在超市工作的向巴江措

在参加农牧民军旅式培训前，向巴江措一直待业在家，没有工作也就养成了懒懒散散的性格。是乡干部找到他家里：现在有个农牧民培训班，结业后可以安排工作，你赶紧来！

从此，向巴江措的生活彻底改变了：经过严格的训练，熟练掌握了劳动技巧，得到了满意的工作。在工作中，他每一次都细心地将一件件物品装到顾客的购物袋中，再对下一位客人进行物品结算，向巴江措对这生活很满足。他感慨地说："这一切都要感谢党和政府为我们提供了培训机会，学到了知识，也养成了良好的生活习惯。现在我自己有一份稳定的工作，为家里减轻了很大的经济负担。"

实施安居工程：住上新房增加收入

在昌都，偏远农牧区的群众住房低矮、狭小、阴暗，且人畜混居的情况十分普遍，对群众的生产生活造成了严重困扰。

如果连基本的住房问题都不能解决，如果老百姓连一个舒心的"窝"都没有，还谈什么新农村建设，还谈什么为社会主义事业发力？

昌都市决定一定要啃下这块"硬骨头"，一定要让群众的居住环境得到全面改善，2012 年农牧民安居工程正式启动。

很快，一栋栋宽敞明亮的安居房拔地而起。喜迁新居的农牧民个个乐开了怀：新房子又安全又卫生又宽敞，这真的是想都没想过的新生活啊！

洛隆县康沙镇康沙村（新农村）

让农牧民群众更加开怀的是，除了住上新房子，他们还通过参加安居工程施工队增加了现金收入，实现了“双丰收”。

在全面实施农牧民安居工程期间，昌都市农牧区共组建了农牧民施工队 135 个，举办驾驶、绘画、木工等培训班 300 人次，累计实现群众现金收入 15.2 亿元，年人均增收达 5000 元。

把安居工程从修建房屋到室内装修都承包给农牧民，让他们给自己建房子也能挣上钱，这样的好事、幸福事自然得到了群众的拥护和支持，安居工程质量、数量也实现了节节高。

截至 2014 年底，昌都市农牧民安居工程已累计完成投资 57.8 亿元，累计完成农牧民安居工程 104485 户，完成总建筑面积 1623.15 万平方米，受益群众达 63.4 万人，人均住房面积达 35 平方米。

吃上放心菜：打出特色农产品品牌

过去“买菜难、吃菜贵”是影响昌都市民幸福指数的重要因素之一，其根本原因是本地农牧民群众“不愿种菜、不会种菜”，蔬菜供应远远满足不了市民需求。

然而，现在昌都各级农贸市场发生了翻天覆地的变化，蔬菜摊上各季、各类蔬菜应有尽有，不仅看着新鲜、卖得便宜，更重要的是老百姓买得放心、吃着健康。

自 2011 年以来，为了保障全市蔬菜供给需求，带动城镇周边群众致富创收，昌都市大力扶持壮大农牧民蔬菜专业合作社，积极搭建本地特色农畜产品展销会，通过这些举措，不仅有效缓解了昌都城镇居民新鲜蔬菜供应问题，还打出了昌都特色农产品品牌。

昌都市卡若区卡若镇建成的蔬菜基地

通过几年努力，昌都市共扶持壮大农牧民蔬菜专业合作组织 4 家，人均年增加现金收入 8000 多元。全市范围共建设蔬菜基地 3 万亩。仅 2014 年全市蔬菜产量达 10.36 万吨，基本实现昌都城区夏季蔬菜自给自足。

相关链接： 2014年9月15日—17日，昌都市在卡若镇澜沧江天津广场成功举办昌都市2014年特色农畜产品万人展销会，共展出商品70多类，品种700多个，现场展品销售一空，现金交易额达610余万元。

用真情办实事：做群众的亲人和贴心人

“自从工作队来到我们村，给我们解决了许多麻烦和问题，办了好多好事、实事。‘有事就找工作队’已经成了我们村民的口头禅，我们相信他们，因为他们是党和政府派来帮助我们的亲人。”谈及村里的工作队，八宿县白马镇珠巴村支部书记嘎泽培连连夸赞。

区党委书记陈全国在察雅县察俄村看望慰问驻村干部

三年来，昌都市紧扣“五项任务”，用心为群众办实事解难事，使群众真切感受到党的干部是全心全意为人民服务的，是为广大群众谋利益的，是群众真正的贴心人。

既“输血”又“造血”，增强农村发展后劲。各驻村（居）工作队深入开展调研，帮助完善村（居）发展路子、找准和拓宽致富门路，落实支农惠民政策，促进农牧民增收。

三年来，在为民办实事经费中落实并完成项目 1567 个，资金 4800 余万元；帮助村（居）群众劳务输出 22 万余人，增加现金收入 1.25 亿元；帮助村（居）发展集体经济组织实体 1380 个，合作经济组织实体 448 个，解决就业 7102 人，农牧民群众增收 600 余万元。

巩固了党在农牧区的执政基础。各驻村（居）工作队认真指导和协助村“两委”加强自身建设，注重在农牧民优秀青年中发展党员和培养后备干部，增强了基层组织政权的向心力、影响力、凝聚力和战斗力。

驻江达县娘西乡瓦根村工作队组织村“两委”委员对重大事情进行表决

三年的点点滴滴和无私付出，给群众带来了许许多多看得见、摸得着、感受得到的变化：道路宽了，村庄美了，群众富了，这样的驻村工作队老百姓打心眼里喜欢。

土路变油路：农牧民走上康庄大道

昌都市部分地区地处横断山脉，高山峡谷，河流湍急，过去群众就在河两岸架设一根较粗的牛皮绳或铁索，即溜索用来过河。

图为洛隆县新荣乡新、旧桥对比

图为芒康县角笼坝大桥

近些年来，这种“溜索时代”已经成为历史。昌都市成功争取到56座溜索改人畜吊桥项目立项和资金投入，给当地群众铺就了“幸福金桥”，解决了威胁群众生命财产安全和困扰经济社会发展的大难题。公路修到哪里，就能把繁荣、文明、幸福带到哪里。

自中央第五次西藏工作座谈会以来，昌都市实施国道项目9个、省道项目2个、经济干线项目2个，农村公路项目765个，完成投资82.26亿元。全市共开通61条客运班线，已建市一级客运站1个，改造升级二级客运站1个，县级客运站9个，农村客运停靠站16个，全市客运班线县际覆盖率达到100%，乡镇覆盖率达到43.20%。

截至2014年底，民航共开通了昌都邦达至成都、重庆、拉萨3条航线。

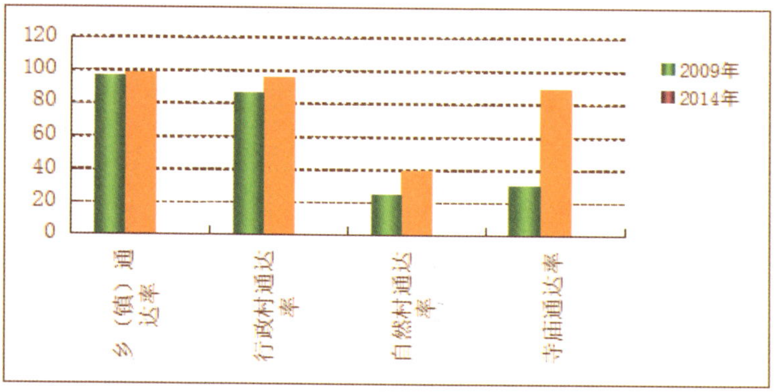

全市共有138个乡（镇）、1142个行政村、4377个自然村和518座依法登记的寺庙，2014年实现乡（镇）通达137个，行政村通达1101个，自然村通达1744个，寺庙通达462个。

道路的畅通，带来的是便利，更是改变社会面貌的机会和希望。昌都市从解决农牧民就业、农牧民增收入手，积极培养和鼓励农牧民施工队伍参与交通基础设施建设，每年帮助上百名未就业农牧民青年到内地进行挖掘机、装载机等培训，从实质上提高农牧民就业率，实现农牧民增收。

随着土路变油路，在改善自身交通环境的同时，昌都市偏远地区的农牧民群众也如愿地和大伙一道迈上了幸福的康庄大道。

舞出幸福：不断完善公共文化设施

加快公共文化设施的兴建和完善，是目前昌都市文化事业发展的迫切需要，也是全市人民的共同愿望。2013年开始，昌都市财政每年安排1000万元文化事业发展专项资金，让全市文化事业发展再次焕发了生机，充满了活力。芒康茶马古道文化旅游节、丁青热巴文化艺术节、贡觉三岩文化艺术节、八宿然乌湖文化艺术节等群众性节庆文化活动的规模、影响力、参与人数不断提高。

截至2015年6月，昌都市共建成公共文化场馆1825处，其中：市级文化场馆3处，县（区）级22处，乡（镇）级138处，村（居）级1142处，寺庙书屋516处，实现了县县有综合文化活动中心、新华书店、全国文化信息资源共享工程基层服务点，乡乡有综合文化站，村村有农家书屋，寺寺有寺庙书屋的目标。

如今的昌都，每逢节假日，一到傍晚，“千人锅庄”“千人弦子”等大型群众活动活跃起来。这些活动使群众缓解了一天的工作疲劳，增进了邻里街坊的情感，歌儿唱起来、舞蹈跳起来，这日子过得有滋有味、有情有韵。

昌都市丁青县热巴艺术节暨虫草交易会

农牧民在自家庭院跳起欢乐的锅庄

精准扶贫：从本土化里找商机

在第七届藏、川、青、滇毗邻地区康巴文化旅游艺术节上，来自邦达工贸有限公司的摊位前挤满了人，展台上摆满了红珊瑚首饰和当地的特色银饰。展销负责人说：“我们的产品很受欢迎，今天上午就卖出了 2 串价值 4000 元的珊瑚手链。”

昌都市第七届藏、川、青、滇毗邻地区康巴文化旅游艺术节现场

在昌都日通藏药厂的展销摊位上，游客徐娇正在买藏药“仁青常觉”。“以前在拉萨，我就经常买日通的藏药。我的家人都托我买后寄过去。今天，我不仅买了藏药，还买了药厂特制的藏香，还有用来泡澡的药浴散。这里的药品真是很全，价格也很优惠！”

昌都市扶贫办注重从本土商品里找商机，昌都特色首饰、昌都藏药都打响了知名度。有了知名度，自然就有了订单、有了销路，从工厂的工人到供原材料的农牧民，都走上了这条商机带来的致富利益链条里。

卡若区如意乡约日村山清水秀，伴着涛涛的水流，轰隆隆的磨盘转动起来，细细的糌粑粉末从石磨里出来，糌粑的粉末轻轻飘扬，冒起了“白烟”，扑鼻的清香围绕在四周。

卡若区如意乡约日村民生水磨坊

这样的水磨坊就是目前在昌都市推广的民生水磨坊建设工程。昌都市扶贫办工作人员介绍说：“工程是今年十二项民生重点项目，也是实实在在的惠民项目。整个昌都市共需新建磨坊 1647 座，维修改造 513 座。”

本着方便群众的原则，昌都市扶贫办计划用两年时间，为全昌都市 1142 个村（居）委会每村至少建造一座民生水磨坊，建设水磨坊规划总投资将达 27012.41 万元。

阳光透明支付：惠民资金实现“一卡通”

随着中央和自治区财政对民生资金的补贴力度不断加大，社会上对民生资金能否及时足额、公正公平、阳光透明地兑现到群众手中的关注度也在持续升温。针对一些基层偏远乡（镇）民生资金发放出现搞平均主义、人情钱甚至贪污挪用等群众意见较大的问题，昌都市财政部门联合地方金融单位，制作了民生直补资金“明白卡”。

昌都市在乡镇实施财政惠民资金“一卡通”兑付管理改革

在一些通电及电信网络信号覆盖到的乡镇，加快安放助农取款转账电话、POS机等电子设备，大力推行涉农补贴资金“一卡通”，使财政补贴资金不仅能直接及时地兑付到群众手中，同时群众通过存折也能明明白白地看到涉农补贴资金的种类及金额。

截至2014年底，昌都市有信用乡镇20个、信用村397个，信用乡镇、村覆盖率分别达到14.49%和35.47%。

相关链接：惠民补贴资金，由金融部门在乡镇所在地签约有一定实力的商家，通过POS机代为支付补贴资金，少数偏远闭塞的乡镇，由乡镇财政所（财务室）负责直接发放到农牧民群众手中，并由驻村工作队负责人和村（两）委代表参与监督，通过召开现场会的形式统一发放，严禁将补贴资金通过村（两）委发放。

截至2015年6月底，昌都市共落实民生资金199704.49万元，其中：直接补贴（36项），自治区下达81143.39万元，市本级配套7864.65万元，县级配套3344.22万元，实际共下达资金89701.32万元；间接补贴（24项），自治区下达68195.96万元，市本级配套1557.93万元，县级配套1549.13万元，市实际共下达资金69881.61万元；基层组织建设（17项），自治区下达39849.68万元，市本级配套110.0万元，县级暂无配套，市实际共下达资金40121.56万元。

那曲

情满羌塘　惠进牧家

四年前的一天，那曲镇滨河路的老城区拆迁废墟上，鞭炮齐鸣、彩带飞舞，那曲镇居民安居工程正式开工。居住在那里的老百姓奔走相告：“那曲浙江小区、杭嘉小区、浙江中学三大工程开工啦！”近 1500 个日夜的期盼后，那曲镇的土坯房成为了历史，饱受出行、环卫、饮水等难题困扰的老城镇居民将住上配套完备、设施齐全的现代化住宅。

那曲浙江小区

“和平解放前，那曲镇只有 20 几户人家，居民流落街头在帐篷里度日。”75 岁的班典是那曲镇冲新居委会 4 组的居民，居住在现代设施一应俱全的安居房内的他兴奋不已：“在党中央、国务院和自治区党委、政府的关怀下，我们这些居民才有今天的幸福生活。这真是想不到的好事情啊！”老屋的废墟早已不见踪影，班典老人一家 6 口住上了 240 平方米的新居，那份幸福和欣喜让老人家乐得合不拢嘴。

惠民政策带给老百姓的欣喜还不仅于此，每一年每一项工程的推进带来的都是全新的、更加幸福的生活。

2010 年至 2014 年，那曲地区城乡低保保障标准经过 5 次提标，从年人均标准 1300 元提高到现行的 2150 元；公路通车里程共计 20862.482 公里，村居公路通达率为 99.6%。

织起便利高速“路”

“现在出门办事太方便了，柏油马路、乡村道路又平又宽敞，以往不通路的村现在汽车都能直接开到家门口，会驾驶技术的村民都开始买车跑运输，日子过得红红火火。”索县江达乡 4 村村民拉巴对村里的公路啧啧称赞。

新修后的 317 国道油路

这样的生活变化得益于那曲地区对公路建设项目的大力投入。2012 年至 2014 年，那曲地区共实施公路建设项目 517 个，新（改）建公路里程 10306.078 公里，总投资 61.05 亿元，公路主骨架逐步完善、通乡油路建设又拉开序幕，甚至连所有登记在案的宗教场所都实现了通公路。村民们都高兴地说“路修了、桥通了，我们夏天不用脱了鞋过河，冬天不用从冰上过去了。”

当然，比道路通畅让老百姓更兴奋的是信息的畅通。2014 年 12 月 30 日 14 时 40 分，随着安多县多玛乡西恰曲超贡玛站点的开通，那曲移动公司历时近 5 个月的 101 个站点的工程建设圆满完成。

那曲地区无人区移动信号塔

索县的强巴旺加说：“以前这里放牧之余只有看电视，还没有几个频道可看。现在这里有电话、有手机、有电脑，语音飞扬，图像传输，多远的亲情友情都能联系上。”

近年来，那曲地区不断加强信息建设投入力度，编织起一张便利的通讯网络，为群众带来便利，也为提升群众的生产生活质量起到了积极的推动作用。

相关链接： 截至 2015 年 1 月，中国联通那曲分公司已建成 3G 基站 141 个，覆盖 9 个县城；2G 基站 138 个，覆盖 11 个县城，并实现 3 个重要县城到行署所在地道路的连续覆盖。

流出真金白银的惠民账单

“引水工程带给我们的可不仅仅是安全的饮用水，还是白花花的银子呢！”扎西镇的村民丹增乐滋滋地算起了一笔账：“挖渠、挖沟、抬石料，我们给自己建水渠还能挣到工钱，这笔账真是划得来，大伙都抢着干活！”

牧区水利试点项目灌溉试水

专家审查那曲水生态文明城市建设试点方案

扎西镇把当地的水利工程建设作为引领群众致富的途径，吸纳当地农牧民群众参与，对技术含量不高、主要以劳务投入为主的工程，尽量都交给农牧民群众去干。而且，在确保工程建设质量的前提下，适当降低农牧民施工队伍进入工程建设市场的门槛，帮助农牧民施工队办理施工资质，为其进入水利建设市场创造条件。

近年来，那曲地区在牧区水利工程上投资 2.1 亿元，不断抓好牧区水利重点线建设，因地制宜建设水利工程，真正解决好服务群众“最后一公里”问题，努力提高牧区水利化程度。

相关链接： 截至 2013 年底，那曲地区共安排农村饮水工程 6418 处，覆盖了全地区 11 个县、114 个乡（镇）、1190 个行政村（居），累计解决了 563692 人和 3882011 头（只、匹）牲畜的饮水问题。

安多县唐卡寺僧人土美高兴地说："以前我们用水都要走到很远的河边去背，遇到雨季，河水又浑又脏，都没办法烧水做饭。现在寺庙有了安全饮水工程，取水十分方便，而且水非常干净，这都是党的政策好啊。"

百姓口碑里的实事温情

金杯银杯不如老百姓的口碑。实事有没有落到实处？党和政府的温暖有没有送到牧民家？这不是凭几组枯燥的数据，也不是凭单位上报的材料，而是看群众怎么说！

"这些年民政部门每年给我们发钱发物，帮助我们渡过难关，解决了生活中的实际困难，让我们在困难的时候有了依靠、有了保障。"班戈县低保户措姆感动万分。

"我们现在看病越来越方便了，医疗条件也越来越好了，看病买药都能报销，药品也很齐全，常见病基本上在当地就能治好，咱老百姓有个头疼脑热的也不用担心了。"双湖县患病群众巴桑次仁竖起了大拇指。

2010年以来，那曲地区以积极推进最低生活保障制度为基础，涵盖困难群众的基本生活、教育、医疗、住房、养老、救灾等多项救助内容，逐步构建起了与经济和社会发展水平相适应的新型社会救助保障体系。

2014年，那曲的农村最低生活保障年人均标准提高到2150元，城镇最低生活保障月人均标准提高到540元。农村低保对象覆盖面已达到22012户60259人；城镇低保对象已达到3039户7602人，基本实现“应保尽保”的动态管理制度。此外，从2007年起，全地区城乡医疗救助工作开通绿色通道，救助对象住院治病少花钱和基本不花钱。

民政干部深入灾区给灾区人民发放生活补助

驻村实现驻心

“自从驻村工作队进驻我们村后，为我们村做了许许多多好事、实事，修了路、架了桥、建了蔬菜大棚，还组织村民们开展了实用技术培训，每样事情都做到了我们心坎里。”巴青县雅安镇3村普布次仁激动地说。

自创先争优强基惠民活动开展来，那曲地区共抽调11383名干部，组成1096个驻村工作队，会同自治区组派的94个工作队，实现了1190个村（居）全覆盖。

三年来，那曲地区各驻村工作队累计投入资金30617.6万元，实施“短平快”项目1159个，发展经济实体654个，帮助群众解决就业、再就业3415人，有效拓宽了群众增收致富门路，为基层发展注入了强大动力。

守护“舌尖上的安全”

对巴青县拉西镇开小商店的村民普赤来说，现在进货越来越放心了：“工商部门对超市、商铺的监督很到位，商品安全有了保障，对我们做买卖的来说是好事，进货、卖货都不担心，没有假冒伪劣和过期商品我们很放心。”

工商部门开展节前市场检查

食品安全关系千万家，关系到广大人民群众的身体健康和生命安全，关系到经济发展和社会稳定。那曲地区工商工作以转变市场监管模式为重点，充分发挥工商行政管理职能作用，加大了对肉类、乳制品、蔬菜等消费食品的检测监管力度，严格把握好农产品质量安全关，确保群众“舌尖上的安全”。

相关链接： 截至2015年6月，那曲地区各类市场主体达10938户，注册资金总额20.02亿元，比去年同期分别增长5.42%、25.28%。其中个体工商户9977户，从业人员20650人，注册资金3.09亿元，比去年同期分别增长1.57%、1.18%、27.83%；农牧民专业合作社444户，成员总数14051人，出资总额3.01亿元，比去年同期分别增长12.69%、17.36%、48.12%。

美了乡村美了人

如今的农牧区居民住上了整齐划一的适用新房，泥路变成了水泥路、油路，村子道路上还安装了太阳能路灯，一到傍晚村里灯火通明，垃圾和污水也有专门的处理设备，不仅建了广场还修建了排水管道和厕所，亮堂、干净、舒适的村居环境美了乡村也美了人。

那曲地区尼玛县申亚乡嘎青村人居环境工程新貌

享受到这样的农村环境，那曲县达前乡村村民顿珠喜笑颜开："党的政策呀咕嘟，我们村的生产、生活环境焕然一新，脚底下没有那么多的泥巴了，回到家里干净多了，水都节省了不少，这个人居工程搞得好，生活一天比一天过得更好哩！”

在“十二五”期间，那曲地区启动了农村人居环境建设保护和环境综合整治，以“清洁水源、清洁田园、清洁家园”为平台，以村庄规划为龙头，以治理污染为重点，完成了村庄美化、亮化和村庄垃圾、污水治理等民生工程，创建了生态乡镇和生态村，并预计在“十三五”期间结束农村公路工程建设，全面完成人居环境综合整治工程。

工作人员实地查看环保工作情况

从需求出发促就业

“以前我什么技术都没有，找工作不好找，闲在家里没事干。通过政府组织学习了汽车修理技术后，很快就找到了工作，我现在生活很开心、很幸福。”嘉黎县的仁青只是那曲促进农牧民就业工程的受益者之一。

就业是民生之本、稳定之基，扩大就业是安民之举、安国之策。那曲地区把稳定和扩大就业作为保障和改善民生的头等大事，实施就业优先战略和更加积极的就业政策，努力让更多的劳动者获得工作岗位。

2013年7月，那曲地区嘉黎县忠玉乡遭受水灾。面对灾难的无情，那曲地区通过技能培训给受灾群众带去了致富的希望。通过技能培训需求调研，共为277人开展驾驶、餐饮、蔬菜种植、藏式家具用品、挖掘机、装载机驾驶等技能培训，提高了灾区群众的劳动技能，进一步增强了灾区群众重建家园的信心。

“家里值钱的东西没来得及抢出来，原本这以后的日子没了希望。没曾想政府给我们教会了致富的技能，我感觉这是最可贵的财富了。”接受驾驶培训的受灾村民扎西说，村里重建肯定急需石材、木料等运输，他打算贷款买个小货车运货，自己也能挣上钱。

汽车修理培训课堂贫困牧民学员认真听讲

其实，像这样根据群众需求来培训提升致富技能，更能实现有针对性的就业。3 年来，那曲地区通过建立目标责任制，强化农牧民技能培训，着力打造那曲劳务品牌等措施，进一步拓宽劳务输出渠道，使劳务输出工作实现常态化。截至 2015 年 4 月，全地区转移就业 3.6 万人次，转移就业收入达 8000 余万元。

相关链接： 那曲地区 2014 年仅就采取“订单式”、“联合式”、“意向式”等培训方式，开展就业技能培训 41 期 2036 人，涉及中式烹饪、藏式绘画、蔬菜种植等 19 个工种，起到了以创业带动就业的倍增效应。

在促进高校毕业生就业方面，那曲地区首次执行抽签分配制度，对考录到那曲的第一批 609 名高校毕业生，进行了公开抽签分配，进一步凸显了分配的“公开、公平、公正”性。新录用公务员曲珍高兴地说：“现在自治区和各地市为了提高高校毕业生就业率，出台了很多好政策，安排了很多岗位供我们选择，只要自身努力，基本上都能找到一份满意的工作。”

探寻增收致富的“金疙瘩”

“现在我们的收入渠道多了，牦牛、虫草、旅游、建筑都是我们致富的‘金疙瘩’，只要积极参与还愁不会富！这都是党和政府对我们的关怀。”那曲县那曲镇村民扎西旺堆对未来充满了希望和信心。

近年来，那曲地区紧紧围绕构建“六个新那曲”目标，稳增长、调结构、促改革、惠民生、保稳定，实现了经济快速发展、民生持续改善，在全面建成小康社会进程中迈出了新的坚实步伐。

相关链接： 2014年，全地区生产总值完成82.07亿元，增长12.61%，其中一、二、三产实现增加值12.91亿元、20.8亿元和48.36亿元，分别增长4.03%、15.24%和14%。城镇居民年人均可支配收入22512.6元，增长10%。农牧民年人均纯收入达到7229.74元，增长13%。居民消费价格指数控制在103.5左右。

目前，那曲虫草、安多县多玛羊肉、多玛羊毛跻身“国家地理标志保护产品”，那曲县被评为自治区农牧业产业化经营先进县，聂荣县色庆乡帕玉牧民合作社等3家合作组织被评为国家级示范合作社。2014年12月，成功举办了第八届畜产品展销会，实现交易额2.07亿元。新增“惠农通工程”服务点85个，累计达200个，实现了乡镇金融服务全覆盖。

第八届畜产品展销会现场

第一、二、三产业的蓬勃发展，给羌塘大地带来了更多的活力和生机，也带来了更多的财富。2014年，那曲地区农牧业总产值达到18.32亿元，增长5%；牲畜年末存栏533.32万头（只、匹），暖季出栏牲畜42.5万头（只），肉产量9.13万吨、奶产量6.01万吨、毛绒产量5425.43吨，商品率达59%；虫草产量2.14万公斤。

稳控物价方能安定民心

近年来，那曲地区日常生活用品方面的物价高速上涨——菜篮子、米袋子、油瓶子……这些样样都是与群众的生活息息相关连的，自然也引起了群众的不满。

只有把物价降下去，尤其是那些关系民生的食品价格降下去，才能让老百姓安心和放心。

平稳了物价，安定了民心，自然就维护了市场秩序，促进了社会和谐。在那曲做生意的刘子金说：“我们刚到的时候，这里的各种商品价格比内地、拉萨高出很大一截，就连当地出产的牛羊肉也比拉萨高出好几块钱。在政府的调控下，商品价格虽然高，却很平稳，我们也能接受！”

公务员陈先生也有同样的感受：“我们拿工资吃饭，商品偶尔涨涨价，但还算比较平稳，我们心里还是能接受的！”

2014 年，那曲地区居民消费指数为 102.4，居民消费价格涨幅在 3.5% 左右，居民消费价格总水平保持了相对平稳的态势。

教育处在最好的发展时期

比如县夏曲镇幼儿园教师卓玛措是土生土长的本地人，从她身上或多或少可反映出这些年来那曲教育的巨大变化。

“小时候我们那里根本没有幼儿园，现在牧区的孩子也能像城里孩子一样上幼儿园，这是多么令人高兴的事情，希望以后更多更好的教育资源向基层倾斜。”卓玛措道出了变化，也道出了希望。

安多县完全小学学生享受信息化教育

截至 2014 年底，那曲地区各级各类学校有 234 所，其中幼儿园 53 所，小学 142 所，教学点 19 个，初中 15 所，高中 3 所，特校 1 所，中职 1 所。2014 年，那曲地区共有 1329 人参加普通高考，本科录取 360 名，专科录取 378 名，录取率达 55.5%；4321 人参加中考，录取率达 100%。

这些数据背后，离不开那曲对教育优先发展和均衡发展理念的助推，可以说目前那曲教育处于历史上最好的发展时期。

比如县布龙完小校长次多感慨地说：“我们这个完全小学以前没有现在这样的教学规模和条件，但是通过这几年地区推行的薄弱学校改造和标准化建设，学校也扩建了，并陆续建设了标准的学生食堂、学生宿舍、德育室和美育室。作为一名教育战线的工作者我将不负伟大的时代、不负肩上的重任，努力为那曲地区的教育事业奉献一份力量。”

社会保障增加幸福指数

“大海航行靠舵手，万物生长靠太阳，个人脱险靠保险。”这是在那曲跑保险业务的多吉的体会。

生活在那曲镇的巴桑老人对养老保险也有自己的一番看法：“养老保险解除了许多人的后患之忧，提高了我们老年人的幸福指数，减轻了儿女们的负担。”

近年来，那曲地区从解决人民群众最关心、最直接、最现实的利益问题入手，全面完善社会保障政策体系，城乡居民基本养老、城镇职工基本医疗、城镇居民基本医疗、失业、工伤、生育保险都实现了新突破。

那曲县达前乡村民扎西说：“现在国家政策这么好，为我们解决后顾之忧做了很多实事，以后就不用担心养老问题了。”新型农村养老保险自 2010 年在全地区全面开展以来，基础养老金从 2009 年的 55 元，历经 3 次调整，至 2014 年调整到 120 元。城镇居民养老保险自 2011 年实施以来，基础养老金按 120 元发放。

2014 年那曲地区农牧区合作医疗覆盖人口达 43.66 万人，个人集资率达 98.3%。基层医疗卫生机构国家基本药物配备率达 85% 以上。群众就医“绿色通道”广泛开通，农牧民住院费用报销补偿比例达 72%。孕产妇住院分娩率达 89.12%，婴儿死亡率下降到 9.34‰。

申扎县群众旺青掰起指头算了算账：“现在看病都能报销，基本可以算是免费治疗。这在很大程度上减轻了我们的生活负担，以后都不用再因生病而担心没钱医治了。”

相关链接： 那曲地区“因地制宜”的社保政策：

医疗保险。调整西藏自治区城镇居民基本医疗保险大额医疗费商业补充保险报销比例及年最高支付限额，保险费调整至每人每年25元。调整大额医疗费商业补充保险待遇，报销比例由85%提高到90%，统筹支付限额由8万元提高到14万元。非公务员参保职工大额商业保险支付限额22万元。

工伤保险。2012年根据国家工伤保险条例新修订的《西藏自治区实施 < 工伤保险条例 > 办法》，全地区工伤保险待遇得到了明显提高，增加了工伤人员的住院治疗生活补助，统筹地区内异地治疗或统筹地区外治疗的往返交通费、食宿补助。

失业保险。“预防失业、促进就业”功能进一步显现，全地区失业保险参保人数逐年递增，2014年全地区失业保险参保人数12325人，年征收失业保险金2200万元。

农牧民孕产妇住院分娩奖励政策。根据西藏自治区下发的第116号主席令及《那曲地区规范农牧区医疗管理工作实施意见》（那行发〔2009〕27号）的规定，对凡在各级医疗服务机构住院分娩的农牧民孕产妇及护送者给予一次性奖励。农牧区孕产妇一次性奖励30元；农牧区孕产妇护送者一次性奖励20元。

把党的宗教政策落实到位

“以前的旧庙处在半山腰上，山上滚下来的石头经常砸穿房顶，很不安全。在寺管会的帮助下，现在建了新的寺庙，各方面条件都挺好，僧尼们能安心修行，心里很高兴。”那曲地区索县加瓦日昂寺寺管会主任强巴桑姆开心地说。

重建后的加瓦日昂寺

加瓦日昂寺位于距索县县城约20公里的一处半山腰上，由于遭受滚落的山石破坏，又年久失修，寺庙建筑变得非常破旧；而且地势崎岖险峻，加上冬季冰雪、春夏泥石流和山体滑坡等自然灾害，交通十分不便。

为保障全体僧尼的生命财产安全、提高生活保障水平，加瓦日昂寺寺管会筹资200余万元对寺庙进行了重建。重建后的加瓦日昂寺选址更加合理，寺庙不仅宽敞明亮、整洁有序，而且还修建了平坦的道路、解决了用水问题，受到广大僧尼的一致好评。

对于僧尼的感激，加瓦日昂寺寺管会委员阿其觉得都是来源于党的宗教政策："我们在加瓦日昂寺期间，尽最大的努力去解决僧尼们的生活难题，就是为了将党的宗教政策更好地落实到位。"

近年来，那曲地区高度重视加强和创新寺庙管理工作，紧密结合实际，切实推进寺庙和僧人社会公共服务体系建设工作，实现寺庙"九有"项目。

截至目前，那曲地区 11 个县、270 处宗教场所“六个一”、“九有”工程实现了全覆盖，极大地改善了僧尼的学经和生活条件，使广大寺庙僧尼争当爱国守法僧尼的氛围日益浓厚，争创和谐寺庙的信心更加坚定。

寺庙内悬挂的领袖画像

僧尼们纷纷表示：自从“九有”项目建设以来，他们的生活有了很大改变，吃水方便了，用电方便了，看书看报方便了，收听收看广播电视也方便了，接受外界信息更加快捷了，感觉一下子步入了现代化，学习和生活再也不用担心像从前那样不方便了。

文化惠民“合民意”

那曲县香茂乡宗热格村“牧家书屋”里的书籍种类丰富，吸引了不少牧民前来阅读，牧民旺堆一边翻阅图书一边说：“这里面有很多养畜技能、医疗常识等方面的书，很合我们牧民的口味。”

这只是那曲地区文化惠民工程的冰山一角。在这些合民意、顺民心的文化惠民工程开展背后，其实是那曲地区文化事业的飞速繁荣进步。

牧民们闲时到牧家书屋翻翻书籍，没事到广场跳跳舞，村里来了放映队就去看看电影，“五下乡”文艺活动陶冶了情操，这样的日子舒心也充实。尼玛县文部乡南村老人欧珠激动地说：“地区五下乡服务队来到文部南村，我们感到非常高兴，演员们表演的节目非常精彩，让我们在不知不觉中感受到新旧西藏的对比，感受到了党和国家对我们的特殊优惠政策，希望五下乡等这种大型活动经常开展。”

那曲地区五下乡文艺活动

2014 年，那曲地区已实现县级新华书店和乡镇综合文化站实现全覆盖，在已建成的 1191 个村级农家书屋中筛选 150 个牧家书屋实施提升工程，使牧家书屋更贴近农牧民群众实际需求；73 支电影放映队累计放映电影 16815 场次，吸引观众近 80 余万人次，实现了“一村一月放映一场电影”的目标；联合国教科文组织授予那曲地区“格萨尔史诗传承者”称号，全国格萨尔工作领导小组办公室被授予“岭·格萨尔艺人之家”称号。

“五位一体”大扶贫格局

身着靓丽的节日盛装、手捧醇香的青稞酒，脸上洋溢着幸福笑容的村民们热火朝天地堆起象征丰收的切玛。这是2014年底在那曲县那曲镇23村正在举行的一个特殊仪式：脱贫仪式。“这样的仪式但凡是牧民群众都爱参加，它意味着我们与贫穷划清了界限，更意味着以后的日子会越过越红火，越过越有滋味！”那一天，村民达瓦把清甜的青稞酒喝了一杯又一杯，享受到这美好的日子，他愿意一醉方休。

带领23村村民脱离贫困的是奶制品加工销售经济合作社项目，该项目自2014年8月投入运行以来，投入资金15万元，纯收入达到了7万元，真正起到了扶贫项目效益。

扶贫项目投入使用

那曲地区扶贫办以保障和改善民生为中心，把解决扶贫对象的温饱、实现脱贫致富作为首要任务，巩固发展政策扶贫、项目扶贫、产业扶贫、社会扶贫、援藏扶贫“五位一体”的大扶贫工作格局，为推进那曲地区经济发展、社会稳定发挥了重要作用。

2014 年，那曲地区实现脱贫 6469 户 25144 人，极大地改善了贫困群众生产生活条件，增加了收入。那曲县古露镇村民维色是其中一员，脱贫后的他激动地说：“通过扶贫政策的宣传，让我们对国家和自治区的扶贫工作政策有了进一步的认识，为我们今后经商，参与经济发展有了一个总体的把握，对我们发展经济帮助很大。”

相关链接： 那曲地区“西进、中突、东稳”扶贫战略：即在资金项目上向西部县倾斜，继续支持中部县发展藏北特色产业项目，引导东部县在跳出虫草资源看收入、看市场、看发展上下功夫。

为百姓扣紧“安全带”

关注生命安全，加强减灾防灾，为人民群众管好“生命簿”和“财产簿”，时刻为老百姓扣紧“安全带”，是那曲地区为维护群众利益、促进社会和谐稳定所采取的重大举措。

2014 年 8 月 11 日，那曲地区那曲镇遭受暴雨袭击，平均降水量达 40 mm，导致城区部分路段被淹、很多市民被积水“围困”。

灾情发生后，地委、行署迅速行动，采取有力措施，确保了人民群众生命财产安全。塔卡拉姆居委会巴桑老人激动地说：“有党委、政府作我们的坚强后盾，我们一点都不害怕，很快就渡过了难关”。

强化红线意识，促进安全发展。2014 年，那曲各级各部门紧紧围绕年初确定的安全生产目标任务，以落实安全生产主体责任为重点，以有效防范和遏制较大事故为目标，进一步突出重点，加强监管，强化措施，全地区安全生产形势呈总体稳定。

相关链接： 2010 年那曲地区只有 11 个乡镇救灾物资储备库，占全地区乡镇的 9.64%；经过几年的救灾设施建设，到 2014 年全地区已建成 10 个县的救灾储备库，占全地区县级救灾物资储备库的 90.9%；35 个易受灾乡镇救灾物资储备库，占全地区乡镇的 30.7%。同时，地县两级救灾物资筹备资金由 750 万提高到 3661.9 万元，涨幅达 388%。

交通安全，一个关系人生质量、家庭幸福的话题。2014 年那曲交通运输部门狠抓交通运输安全，切实履行监督职责，加强道路交通安全日常监管工作，开展不同时期和重要时段的安全检查和专项整治工作。建立健全治超工作长效机制，加大路面治理超限的执法力度，特别高度关注农村公路的超限超载治理，规范治超执法行为，确保长效机制有效运行。

相关链接： 2014 年，那曲地区安全生产为近 10 年来事故起数和死亡人数最少、双下降幅度最大的一年，安全生产事故起数和死亡人数同比下降 72% 和 63%。其中，生产经营性事故起数下降 70%，事故死亡人数下降 56%，非生产经营性事故起数和死亡人数分别下降 73% 和 64%。

阿里

直面民生关切　践行民生承诺

“村子里通了路、通了电话，打个电话就能把需要补的商品搬回家，在家门口做生意又方便又实惠，这日子也是越来越红火了。”通过普兰县实施的解决零就业家庭政策，仁贡村村民琼结在自家门口开了小卖部，“缺啥、补啥一个电话就能搞定。”

普兰县城通往普兰镇科迦村的道路

迎来好日子的不仅仅是琼结。村民次旦桑姆一家从低矮的帐篷搬进了宽敞明亮的二层楼房，扎西通过政府购买的公益性岗位实现了就业，多玛乡的村民迎来了通电、通水、通邮的现代化生活……

生产生活更方便，政府自然就获得了村民们集体“点赞”。放眼生机勃勃的狮泉河畔，老百姓感受最多的就是阿里地区“十件实事”给他们的生活带来的深刻变化。

为了让发展成果普惠于民，让阳光洒遍狮泉河畔，阿里地区牢固树立“民生工作讲得再多也不为过、做得再多也不算多”的工作理念，切实把群众的利益“高举过头”，重点解决人民群众最关心、最直接、最现实的问题，让老百姓的日子越过越甜。

直面民生关切，践行民生承诺。近3年来，阿里地区书写出了一份令人鼓舞的民生答卷。

安居工程——百姓住有所居

从普兰县城向孔雀河对岸看去，一排排整齐富有民族特色的房屋显得格外显眼，与河边上的一排排山洞形成鲜明对比，很难想象赤德村39户人家中有32户曾经就住在这些山洞里。

赤德村群众从山洞搬到宽敞明亮的安居房

在山洞里度过童年时代的村民次旦桑姆回忆起过去的心酸岁月，心中的苦三天都说不完。她边走边指着孔雀河边上的山洞说，在旧西藏，她们一家三人就挤在几平方米的山洞里，地当床，草作被，石头就当板凳桌椅，没有衣服，就用羊皮遮风避雨。在密密麻麻的山洞前，次旦桑姆找到了她曾经住过的家。走进山洞里，人们生活留下的痕迹清晰可见，看着自己曾经住过的山洞，次旦桑姆触景生情，过去家徒四壁、缺衣少食的日子仿佛就在眼前。

时光荏苒，与此相隔不过一条河的赤德村却把一个现代化、幸福安康的村子呈现在人们眼前。次旦桑姆如今的家是一栋宽敞明亮的二层楼房，屋里电视机、藏式家具应有尽有。“现在我家的住房有168平方米，是2007年国家补助了1.6万元新修的安居房。”说起现在的生活，老阿妈一脸的幸福。现在老阿妈的大儿子坚参在县城开商店，小儿子洛桑投资了 17 万元新买了一辆越野车跑旅游客运，一年的收入有 10 多万元，日子越过越红火。

次旦桑姆家庭生活的变迁，是阿里各族人民生活的缩影。2010 年以来，阿里地区共完成 7160 户农牧民安居房建设，全地区 88.35% 的农牧民住进了宽敞明亮、安全适用的房屋。同时，大力推进职工周转房、廉租房、公共租赁住房等城镇保障性住房建设和棚户区改造，改善城镇居民的居住条件。

2012 年 10 月 1 日，阿里地区噶尔县扎西岗乡典角村群众喜迁新居

完善社会保障体系——百姓困有所扶

近年来，阿里地区紧紧围绕改革发展稳定大局，扎实推进劳动就业、社会保障、劳动关系调整等各项工作。

目前阿里地区以养老保险、医疗保险、失业保险、工伤保险、生育保险等为主要内容的社会保障体系基本建立，以城乡最低生活保障制度和医疗救助体系为重点的社会救助体系基本形成，真正解决了农牧民群众的后顾之忧。

阿里地区干部职工在人社局办事大厅办理医疗保险卡

社会保险解民忧。截至 2015 年 3 月，阿里地区各类社会保险参保人数达到 10 万余人次，向 60 周岁以上农牧民发放基础养老金 956 万元，各种社会保险参保率达 96% 以上。连续 12 次调整企业退休人员基本养老金，调整后月人均养老金达 3337 元。城镇居民医保财政补助标准提高到 300 元，工伤、生育保险待遇水平也大幅提高。

城乡低保暖民心。近年来，阿里地区扎实做好城乡低保救助工作，切实保障了城乡低收入人群的基本生活。2014 年全地区共有城市低保对象 685 户 1475 人，低保由原来每人每月 490 元提高到 540 元；农村低保对象共有 4925 户 13245 人，下拨全年农村低保资金 1149.67 万元。

落实城乡医疗救助政策，不断拓展救助面。全地区城镇居民医疗救助累计救助 68 人次，支出救助资金 32 万元；农牧医疗救助累计救助 762 人次，支出救助资金 85.63 万元，切实减轻了农牧民群众就医负担。

五保供养工作、孤儿收养工作顺利推进。截至 2015 年 3 月，阿里地区共有五保对象 541 人，集中供养 220 人，收养孤儿 129 人。

扩大就业——城乡居民收入逐步增加

2014 年阿里大酒店成为阿里地区首家星级酒店，在推动阿里旅游、税收方面有积极促进作用。更可喜的是，招收了 60 余名本地农民工员工，促进了社会劳动就业。

在阿里大酒店就业的农牧民米玛拉姆（左）和她的同事加玛整理客房床铺

普布次仁就是其中一员。从毫无技能的待业青年到三星级酒店的正式员工，普布次仁的生活从此发生了翻天覆地的改变："经过培训上岗，现在我每个月收入三四千，还包吃包住，省下的钱还能给家里增加不少收入呢。"

仅 2014 年，阿里地区就开展各类技能培训班 31 期、培训人员 1276 人，全部通过职业技能鉴定，取得职业资格证书；开展农牧民转移就业培训 28 期 1201 人，培训合格率达 100%，就业率达

72%；农牧区劳动力转移就业 8310 人次，转移就业 2770 人，实现劳务创收 0.38 亿元。

为了促进就业困难群体就业，阿里地区还通过集中援助与常规化援助相结合的方式，采取送岗位、送政策、送服务、送技能等形式，建立形成对就业困难对象的长效援助机制。同时，还积极开发政府公益性岗位，重点解决零就业家庭、“3545”人员、残疾人等就业困难群体的就业问题。

革吉县盐湖乡羌麦村农牧民经济合作组织正在为村民分红

如今，走进狮泉河镇各大商场、宾馆，饭店，许多服务员都是来自农牧区的青年，他们在经过全面、系统的培训后，都找到了称心如意的工作。

相关链接： 阿里地区大力发展农牧民专业合作经济组织，2014 年全地区农牧民专业合作经济组织达到 139 家，营业收入 4210 万元，参与群众达 1.2 万户、4.1 万人。鼓励群众参与旅游服务业增收，2014 年农牧民旅游业从业人员达到 4920 人，实现年收入 6049 万元。

改善生产生活条件——农牧区基础设施进一步完善

2010年7月1日一大早，阿里各族干部群众身着节日盛装，洋溢着欢乐的笑容，来到阿里昆莎机场，等候激动人心时刻的到来。早上10点20分，一架从成都飞往阿里的客机徐徐降落在昆莎机场，这标志着阿里各族人民盼望已久的阿里昆莎机场正式通航。从此，“远”这个词在阿里成为了历史。

2010年7月1日，阿里昆莎机场建成正式通航

近年来，阿里地区基础设施条件有了较大改善，国省干线黑色化加快推进，219国道和狮泉河至日土、革吉、普兰、札达油路建成通车，阿里昆莎机场建成通航，制约阿里经济社会发展的“瓶颈”进一步缓解。

2014年，全地区落实重点公路和农村公路建设项目13个，总投资为33.304亿元，新（续）建项目完成13亿元。落实资金968万元建设38条牧业转场道路408.5公里。

G219 线全线黑色化油路贯通

农牧区群众的饮水安全一直牵动着各级党委政府的心。近年来，阿里兴建了一大批农村饮水安全工程，改善了农牧民、学校师生、寺庙僧尼的饮水条件，解决了 60073 人的安全饮水问题，农村饮水安全人口比重由 2010 年的 42.2%，提高到 2014 年的 98%。

解决 5.3 万农牧民的用电问题，全地区电力人口覆盖率由 2010 年的 65% 提高到了目前的 90%，全地区太阳能应用发电装机容量 16931.05kW。

深入实施“西新工程”、广播电视村村通工程，初步形成覆盖地、县、乡、村四级的广播电视网络，“村村通”、“户户通”、“寺寺通”覆盖率分别达到 100%、96%、100%。

配合农牧民安居工程建设，阿里地区大力实施水、电、路、讯、邮政、广播电视、农家书屋、优美环境“八到农家”工程，农牧区移动互联网覆盖率达到 98%，新建通讯基站 247 个，消除农牧区边远地区通讯盲点 101 个。

提高医疗保障水平——百姓病有所医

“感谢党和政府的好政策，感谢县人民医院的医生们，让我不花一分钱顺利地完成了手术！”措勤县曲洛乡曲洛村的妇女归桑发自肺腑地说。

32 岁的归桑是当地的特困户，去年 10 月，她到措勤县人民医院做剖宫取胎手术时，身上除了回家的路费以外几乎没有任何多余的钱。医院利用农牧民和城镇困难群体住院保证金，帮助归桑垫付了 3000 多元的住院费和医疗费用，使她自己没有花一分钱就顺利完成了手术。

措勤县人民医院送医送药为群众看病

据措勤县人民医院院长介绍说，过去医院对于无力交纳住院押金的群众采取的是为其开办空头账户，再进行治疗的方式，程序较为繁琐。“现在有了住院保证金，不仅方便了医院，更能让群众尽快住院治疗。多年来，人民医院从来没有出现过群众因贫困导致没能治疗的情况。”

为切实解决农牧区群众看病难问题，阿里地区把实施等级和标准化创建活动、提升医疗卫生服务水平，作为阿里地委行署为民办的十三件实事之一。近4年来累计投入1.058亿元用于改善医疗条件。截至2014年3月，已完成7所乡卫生院的改扩建工程，为8个村卫生室建设了业务用房，完善县、乡、村三级医疗急救保健服务网络，努力实现“小病不出村，常见病不出乡，大病不出县”。

为保障人民群众的身体健康，阿里地区各级医疗部门，还把巡回医疗和门诊医疗有机结合起来，仅2014年为广大农牧民群众巡回医疗（巡诊）70多次，共诊疗70530多人次，发放免费药品折合人民币11.58万余元；各级医院门诊量共达到143900多人次，住院治疗3400多人次。

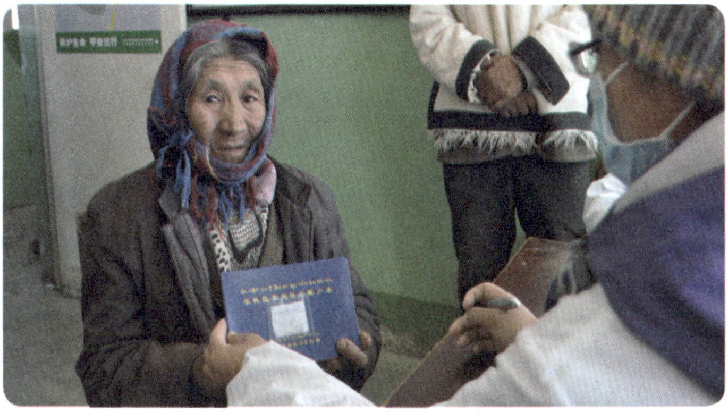

村民持农牧区家庭医疗账户本在村医务室就近看病

“我终于又能看见雪山草地的样子了，能见到光明真好！”行走在美丽的草原上，50多岁的阿妈央金兴奋异常。几年前，因为得了白内障，央金阿妈几乎生活在一片漆黑的世界里，是地区医院的免费白内障复明手术，使她和当地众多白内障患者重拾光明。

截至2014年底，全地区有各类卫生服务机构55个，医疗卫生机构床位607张，医疗卫生服务人员601人，每千人拥有卫生技术人员达到3.04人，平均每千人拥有床位5.5张；参加农牧区医疗制度人数为83994人，参合率达100%。

强化安全监管——守护群众生命财产安全

2015年3月，阿里地区食品药品监督管理局利用节假日组织执法人员开展了食品安全专项监督检查。“从检查的情况看，阿里的食品药品安全情况是良好的。在我们检查的2所学校食堂、53家餐饮服务单位和8家食品流通企业中，基本没有大的问题。”该检查组组长说。其实，像这样的专项执法检查，在阿里已经形成了常态化。

阿里各部门联合销毁查获的假冒伪劣及过期商品

阿里地区各级食品药品部门在保障和改善民生工作中，加大食品药品、医疗器械监管力度。2014年，共出动执法人员240多人次，对超市、小卖部、公立医院、个体诊所、医药超市、药店等涉及食品药品方面，进行了定期不定期的日常检查和突击性检查共60次，各大节假日进行了40多次大检查，没收并销毁过期、变质食品共110多种，假药4种，价值人民币36443元。

坚持“安全第一，预防为主，综合治理”的方针，阿里地区认真抓好安全生产责任制的落实，行署每年与各县及相关职能部门签订《安全生产责任书》，健全了激励约束机制，严格执行安全生产“一票否决”和“一岗双责”制，确保各级各部门安全生产工作领导到位、人员到位、措施到位、责任到位。

近三年间集中组织开展全地区安全生产大检查100余次，各县、各行业主管部门自行组织各类督导检查400余次，查处各类安全隐患300余起，关停存在重大安全隐患的加油、加气站6家，已保持连续9年未发生较大以上生产安全事故，连续4年保持安全事故和死亡人数双下降。

教育“三包”——孩子上学不再难

“在阿里，最漂亮的建筑就是学校了。”“孩子们上学不用交费，这可解决了我们最头疼的问题。”在阿里，像这样的赞叹和感触随处可闻。

多年来，阿里地区全面加强教育基础设施建设，教学设施和办学条件都得到极大改善，认真落实教育“三包”政策，全力巩固义务教育成果，大力发展学前教育，教育优先发展战略得到全面实施。2014年，投资6870万元的拉萨阿里高级中学顺利开班；2015年5月，投资2.6亿元的阿里陕西实验中学动工建设；同时，还建成了6所乡级幼儿园、9所村级幼儿园。

相关链接： 2010年以来，阿里地区累计投入教育事业经费13.7662亿元，“两基”目标全面实现，15年免费教育巩固发展，高中、初中、小学入学率分别达到66.1%、78.99%、99.76%。

目前，全地区共有各级各类学校62所，教职工1401人，在校学生19717人（含职业学校），适龄儿童入学率达99.76%，幼儿入园率达54%。

推进文化惠民——丰富群众精神生活

在阿里，沉淀着大量文化和非物质文化遗产的气息，也让阿里有了更多的历史韵味。

这些年，古格王朝遗址、科迦寺、东嘎皮央遗址等一大批重点文物保护单位得到修复和保护，在全区率先启动古代壁画数字化保护工程，古籍普查工作走在全区前列，完成申报珍贵古籍1315函。

古格王朝遗址

“窑洞清理和编号是修复的内容之一，已统计出700多个洞口；因洞中有厅、厅中有室，窑洞数量会更多。”古格王朝遗址管理员巴桑次仁对这里像家一样熟悉。巴桑次仁说，古格壁画艺术承载着数百乃至上千年的历史，希望在保护的同时，能够研究其历史文化，以临摹等方式保存其壁画艺术，让世人了解和领略这座消失王朝的神秘风采，使它在人类的文明史上源远流长。

除了这样的历史文化得到发扬光大外，阿里地区还着力推进文化惠民工程，把丰富的精神盛宴送到普通群众身边。一场场演出送到基层，点燃了群众的文化热情；一本本图书送到农家牧户，给广大农牧民带来了精神食粮；一个个文体广场建在群众身边，让休闲健身融进了群众的生活……如今的阿里，文化惠民活动呈现出气象万千的新景象。

阿里地区噶尔县民间艺术团正紧张排练节目

在全区率先完成乡镇综合文化站、民间艺术团及排练房建设，实现了地区有图书馆、群艺馆、专业艺术团、新华书店、文化信息资源共享工程，141个村（居）全部有农（牧）家书屋。

搭上民生工程的“顺风车”，深入实施“西新工程”、广播电视村村通工程，初步形成覆盖地、县、乡、村四级的广播电视网络，“村村通”、“户户通”、“寺寺通”覆盖率分别达到100%、96%、100%。

“图书馆、新华书店有很多对学习有帮助的课外书籍，而且借阅也很方便，还不用花钱。”现在读五年级的小洛桑说，他课余时间经常到县图书馆读书学习。

农牧民群众在农（牧）家书屋选书

加强扶贫开发——让老百姓的“钱袋”鼓起来

说起近年来农牧区的生活变化，噶尔县扎西岗乡扎西岗村村民扎西最有发言权。

10多年前，扎西一家四口靠放牧、政府救济过日子，是村里出了名的贫困户。2005年，他通过银行贷款3000元在村里开起了茶馆；2007年，在国家“万村千乡市场”工程的政策下，他在村里开起了农家店；2010 年他再次向银行贷款 13 万元买货车开始跑运输，一年下来赚了 10 多万元。2011 年，尝到甜头的扎西又花了 13 万元增加了一辆运输车，全年收入累计超过了 18 万元。说起生活的变化，扎西满脸幸福：“我今天的幸福生活是共产党给我的。”

扎西家的新生活、新变化

近年来，阿里地区围绕六项机制改革和十项工作任务研究部署扶贫开发工作，在全地区形成了地、县、乡主要领导亲自抓，分管领导具体抓，上下联动抓扶贫的工作格局。

项目带动群众致富。全地区从整乡推进扶贫、面上扶贫、劳动力转移扶贫、扶贫培训、农业综合开发生态治理、设施农业等六类确定投资方向，安排落实扶贫农发项目 147 个，总投资 1.6748 亿元，完成 1219 户、4874 人脱贫目标任务。

加大金融扶持力度。积极与金融部门的沟通协调，认真落实扶贫贴息贷款政策，逐步加大金融扶持力度。截止 2015 年 3 月，全地区完成扶贫贴息贷款 72919 万元，占“三农”贷款总资金的 99.21%。

2015年，阿里地区把实施“精准扶贫工程，提高扶贫项目资金效益”作为“十件实事”之一，继续创新扶贫工作模式，把扶贫资金作为贫困户参股资金发展集体经济，通过利润分红实现贫困户滚动式动态脱贫，力争全年减少贫困人口5100人，低收入人口占农牧区总人口的比例降至12%以下，返贫率控制在5%以内。

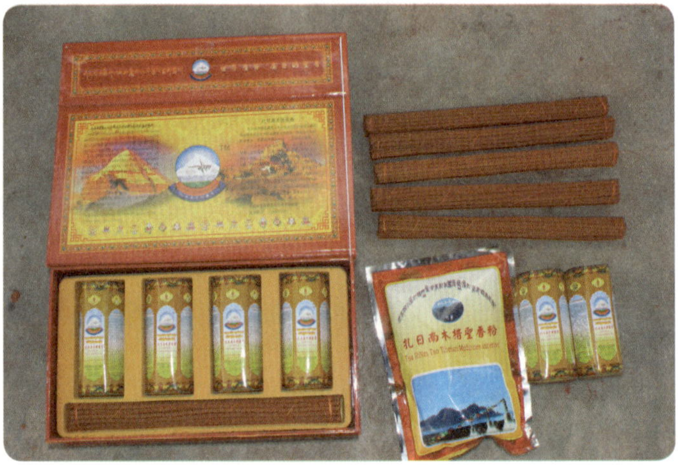

措勤县扎日楠木错藏香厂生产的藏香产品

稳控物价——满足需求、增加收入

过去阿里的物价之高，令很多在阿里工作的人咋舌。“以前一到菜市场，买来买去就那几样菜，价格贵得让人下不了手。”在阿里做生意的王梅讲起阿里蔬菜价格似乎有几箩筐的话。

阿里的菜贵在运输成本上。在清醒地认识到这个问题后，阿里地区决定舍远求近，在自己门口建起菜园子来满足群众的菜篮子。一方面可以降低阿里市场上的菜价，另一方面也可帮助群众增加现金收入。

大力发展现代农牧业，“西四县”设施农牧业发展平台、羊绒产业发展平台效应初步显现。

农民自建蔬菜大棚

2014 年，阿里地区统筹项目资金 6671.38 万元，招商引资 1500 万元，实施了噶尔、日土、札达和普兰“西四县”的生态农业示范园项目，新建温室 349 座，积极探索“公司 + 农户”和专合组织主导经营等模式，“西四县”大棚蔬菜年产量将达到 1115 吨，对于平抑市场菜价将起到很好的作用。

2014 年整合商务、农发资金在普兰县巴嘎乡、霍尔乡、日土县多玛乡、革吉县盐湖乡建设商贸中心，以满足牧区群众的买卖需求。

有了政府的支持，有了政策的支撑，天边的阿里也有了自己的“开心农场”。截至 2014 年底，全地区累计建设 466 家农家店，农家店乡村级覆盖率达 100%，农牧区商品价格平均下降了 10% ～ 15%。

抓好防灾减灾——未雨绸缪保平安

阿里地区平均海拔 4500 米，地质、水文和气候条件复杂，属多灾易灾地区。2013 年元月中旬，阿里地区普兰县遭遇了 10 年不遇的大雪袭击，降雪量达 53 毫米，雪深达 48 厘米，阿里地区立即启动防抗灾应急预案，及时组织防灾救灾工作，全县没有因雪灾造成人员伤亡。

普兰县大雪

为了确保人民群众的生命财产安全，阿里地区未雨绸缪的脚步从没有停歇，在加强各种自然灾害监测预警预报能力建设的同时，建立了地县乡三级防抗灾应急体制。截至 2015 年 3 月，已建成 21 个乡（镇）级、5 个村级物资储备库，实现物资物质储备库全覆盖，进一步提高了救灾物资应急保障能力。

当然，做再多防范工作，最关键的一点还是得加强防抗灾科普宣传教育力度。阿里地区充分利用每年“5•12 防灾减灾日”、

3 月综治宣传月等，定期开展防抗灾科普宣传教育，为群众普及预防灾害、自救、避险、互救、减灾等应急防护知识，提高了群众应对灾害的处置能力和预防能力。

推进寺庙管理创新——构建和谐模范寺庙

2013 年，阿里地区托林寺的僧人们迎来了好几件喜事：寺庙里通了自来水，广播电视“舍舍通”也送到了手里。生活越来越便利，精神文化生活也越来越丰富。

解决了寺庙僧尼听广播难、看电视难的实际问题，阿里地区僧尼代表们纷纷表示，一定珍惜来之不易的幸福生活，充分利用好广播电视设备，进一步了解国际国内形势，努力创建爱国爱教和谐模范寺庙，争做爱国爱教、遵纪守法的模范僧尼。

广电工作人员及时把广播电视“舍舍通”设备发放到位

“六建”服务暖僧尼。地县成立宗教工作领导小组，组建了寺庙管理委员会和专职特派机构，管理范围涵盖了全地区所有寺庙（拉康）和宗教活动点。2013 年以来共投入 1331 万元为寺管会修建业务用房，投入 516 万元购置办公设施和交通工具，全面改善了寺管会服务僧尼的工作条件。

“9+1”工程改善条件。2011 年以来，阿里地区积极筹集资金，在全地区寺庙开展了“9+1”工程建设，实现了寺庙领袖像、国旗、报纸、广播电视全覆盖，大部分寺庙实现水、电、路“三通”和通讯全覆盖，住房修行条件得到改善。

某寺庙僧舍内悬挂的领袖像

“六个一”办实事。自开展“六个一”活动以来，阿里地区驻寺机构共开展家访 310 次，慰问 396 人次，办实事 154 件，发放慰问金近 100 万元。

“一个覆盖”解后顾之忧。全地区在编僧尼全部纳入医疗保险、养老保险、人身意外险和最低生活保障范围，每年为在编僧尼进行免费健康体检，建立健康档案，有效解决了广大僧尼的后顾之忧。

干部下基层——接地气、惠民生

阿里地区普兰县霍尔乡帮仁村，海拔4630米。这里寒冷干燥、降水稀少、交通不便，牧业收入是204户群众唯一的经济来源，牧民们平常最发愁的就是购物不方便。

中国移动西藏公司驻普兰县帮仁村工作队在了解到情况后，投资12万元帮村里建起了流动商店。“店长”旺扎原来与村里其他人一样以放牧为生，现在他每个月有800元工资，他开心地说：“现在有了每月的固定收入，基本生活得到了很好的保障。”类似这样的故事在阿里这片神奇壮美的象雄大地上不胜枚举。

2013年以来，全地区各驻村工作队共为所在村理清发展思路1673次，找准发展路子1399条，发展壮大经济合作组织106个，落实“短平快”项目377个、资金达9410万元。

驻普兰县霍尔乡雄巴村工作队为受灾村民发放防寒物资

广大驻村干部积极发挥引导、示范和联络作用，围绕实施“基层党组织服务能力提升工程”，积极协助当地乡（镇）党委整顿软弱涣散的村级党组织，扎实推进了基层组织的规范化、制度化建设。三年来，全地区各驻村工作队共帮助推荐选用村党支部书记 139 人、村“两委”班子成员 581 人、后备干部 355 人；培养入党积极分子 2132 人、发展党员 1307 人、发展团员 1826 人。

阿里地区某驻村工作队召开党员代表大会

驻村工作也让缺乏基层实践经验的干部“接了地气”、“吸了真气”。全地区各级党员领导干部带头驻村入户、谈心交流，广大驻村干部主动融入基层、真蹲实驻，增进了与群众的感情，提升了工作能力，得到了锻炼和提高。

后记

本书由西藏自治区党委宣传部理论处策划组织编写。在编写过程中，七地市委宣传部理论科按照策划要求，分别撰写了初稿，对书中的有关数据进行了核实把关。本书编写工作由孟晓林、丁勇同志主持。罗布、范磊、王新有、张通、徐卓、李许桂、张黎黎等同志参加了统稿和修改工作。由于编者水平有限，本书难免有疏漏和不足之处，敬请广大读者批评指正。

编者

2015 年 10 月